아내의 애가

이승언 지음

도서출판 영문

다시 만날 수 있다는 기다림

백승철 목사
시인이며 <에피포도교회>와 <에피포도예술인협회> 대표

　글은 삶의 영향력입니다. 이승언 작가는 고 이수민 목사님의 아내이며 사모로서 먼저 떠난 남편의 사랑과 사역을 기억하며 하나, 하나 징검다리를 놓듯 얘기를 풀어가고 있습니다. 출판되기 전 사모님의 글을 먼저 읽어 보았던 나는 사모님의 글 형식을 존중하기로 했습니다. 엉성한 줄 타래를 엮어놓은 듯 해 보였지만 읽으면 읽을수록 남편을 향한 해바라기 같은 사랑 노래와 주어진 사역을 충성스럽게 감당했던 한 목회자의 삶을 글을 읽는 독자는 만나게 될 것입니다. 다시 되 짚어 보면 사랑과 사역에 관한 내용입니다.
　사랑은 아내 이승언 사모님이 남편을 향한 변함없는 사랑의 노래입니다. 세월이 가면 갈수록 잊히는 것이 있습니다. 가장 중요한 것을 놓칠 때도 있습니다. 하지만 지금 작가는 남편과의 세월이 잊히는 것이 아쉬워 그것을 사랑으로 노래하고 있습니다. 남편과 함께 했던 시절이 남긴 기억은 작가에게 있어서 남은 생애를 살아가는 삶의 이정표와 같습니다. 아직도 작가의 기억의 창고에는 풀지 못한 수많은 노래가 있습니다.

사역에 관한 것은 고 이수민 목사님의 목회를 아내, 사모로서 함께 했던 것을 기억한 것입니다. 모든 그리스도인들의 사역이 존엄한 것이지만 맡겨 진 사역을 잘 마무리하고 세상과 이별하는 것은 쉬운 것만은 아닙니다. 사역에 관한 것을 작가의 시야로 묶은 것에서 세상을 살아가는 동안 중요한 것을 되짚어 보는 시간이 될 것입니다.

본서에서는 다른 사람들이 이수민 목사님의 삶을 조명한 글도 눈에 들어옵니다. 하나님과 주위 사람들로부터 존경심을 받는다는 것은 말처럼 쉬운 일이 아닙니다. 남겨둔 후손들과 함께 했던 시간들을 손자, 손녀들이 기념하며 글을 남긴 것도 본서의 인간적인 향기입니다.

이렇게 보면 작가를 만날 때 얼굴에 묻어 온 그늘을 이해할 것 같습니다.

그다지 덥지 않은 여름 아침
캘리포니아 오렌지에서,
백 승 철

책머리

남편 이수민 목사님의 추모일을 기하여
몇 분의 동료가 나의 마음을 움트겼습니다.
남편에게 소낙비같이 쏟아 부어주었던
성령의 역사함을 기억하면서
한 구절이라도 독자의 마음 한 구석에
신앙적인 삶의 영향을 기대하며
간절한 마음으로
글을 쓰는 용기를 냈습니다.
문장자체가 매끄럽지 못한 것은
나의 한계였습니다.
이해하여 주시기 바라며
특별히 본서의 추천과 남편 이수민 목사님과의
사역의 관계를 되짚어 준 분들에게
많은 감사와 기쁨이 있습니다.

손자, 손녀가 기억하는 할아버지에 관한 기억은
내가 살아온 삶에 대한 작은 결실입니다.
딸아이의 짧은 글에서
"엄마, 순전히 '엄마의 언어'로 쓰인
책 발간을 축하해. 아자, 아자, 파이팅, 마더. 사랑해."
내가 또 다시 살아가는 이유입니다.

2008년 6월
미국 로스엔젤레스에서

이 승 언

차례

다시 만날 수 있다는 기다림 / 백승철 …… 3
책머리 / 이승언 …… 5

제1부. 남편에게 올리는 추모사

감사 …… 13
갯벌마을 …… 14
고마웠던 분들 …… 16
그는 힘껏 뛰었다 …… 18
기도 중에 본 갈 밭 …… 20
기도 하던 날 …… 22
꽃 속에 묻힌 그의 얼굴 …… 25
꿈에 보여 준 상주들 …… 27
남편에게 올리는 추모사 …… 29
눈 오던 날 …… 32
뉴욕의 형무소 …… 34
능묘를 보여 준 그 날 …… 36

독일 …… 38

말씀 중에 보여 준 교회 …… 40

백두산 천지 …… 43

법무부, 그는 해냈다 …… 45

제2부. 병상일지

병상의 울음바다 …… 51

병상일지 1 …… 54

병상일지 2 …… 56

병상일지 3 …… 58

병상일지 4 …… 60

보디가드 …… 62

사랑 …… 64

산보하던 길 …… 66

수감소에 웃음 꽃 …… 68

스승의 힘 …… 71

싼타모니카 비치 …… 73

얼기설기 엮은 새끼 줄 …… 76

옥합을 찾자 …… 78

용문산 기도원 …… 80

이런 사람도 있다 …… 82

이발사 …… 84

제3부. 여보

전도여행 수기 …… 89
주의 지으심 …… 92
참 모습 …… 95
참 중생이란 …… 96
첫 선교 떠나던 날 …… 99
추수의 계절 …… 102
하나님의 운기가 도는 일본 …… 105
하얀 드레스 …… 107
화와이 …… 109
한얼산 기도원 집회 …… 111
한얼산 기도원과 묘한 인연 …… 114
홀로 선 지팡이 …… 117
설날 …… 119
더불어 사는 사람 …… 121
여보 …… 123

제4부. 사람들 기억 속에 머물고 있는

개척당시 신문기사 한 토막 …… 127
중앙일보 일간지 기사 중 …… 130
한국일보 일간지 기사 중 …… 133
힘이 되고 있음을 기억해 주십시오 / 김석기 …… 136
남을 보살피며 사랑을 나누었던 사람 / 문상익 …… 139
내가 기억하는 이수민 목사님 / 이정근 …… 142
세상 최고의 할아버지 / 손자, 존(John) …… 146
나의 할아버지 / 손녀, 사라(Sarah) …… 151
나의 할아버지는 비범한 사람이었다 / 손자, 데이빗(David) …… 155

부록 / 남기고 간 흔적을 더듬으며

회상 …… 161
사역을 위해 만난 사람들 …… 169
흔적에 대한 감사 …… 174

제1부
남편에게 올리는 추모사

감사
갯벌마을
고마웠던 분들
그는 힘껏 뛰었다
기도 중에 본 갈 밭
기도 하던 날
꽃 속에 묻힌 그의 얼굴
꿈에 보여 준 상주들
남편에게 올리는 추모사
눈 오던 날
뉴욕의 형무소
능묘를 보여 준 그 날
독일
말씀 중에 보여 준 교회
백두산 천지
법무부, 그는 해냈다.

감사

하나님의 말씀은 인간의 길을 예비하고 그의 능력은 창조의 기초를 세움이라. 성령과 말씀 능력 안에서 삶을 주관하심이라. 영혼 깊은 곳으로부터 빛을 발 하리. 그리스도 예수 안에 있는 생명의 성령의 법이 죄와 사망의 법에서 해방 하였기에 하나님의 지혜와 지식의 부요함을 딛고 하나님의 축복의 문을 열고 들어갈 수 있는 지혜를 찾아 약속있는 생명의 면류관을 바라며 풍요로운 하나님의 용기를 가지고 청결한 마음과 선한양심과 거짓이 없는 믿음으로 복 되신 하나님의 영광의 복음을 쫓음이라. 하늘에 허다한 별과 같이 해변에 무수한 모래와 같이, 하나님의 능력의 말씀으로 변화된 거듭남의 물결들을 바라며 1985년 8월 88 세계 복음화 대 성회는 큰 물결을 이루고, 복음은 사랑의 물결을 타고 동서사방으로 주의 주시는 기쁨 오늘도 전진 하리. 내일을 향해. 세계복음화의 물결을 향해 빛을 발하리. 아무 공로 없이 많은 감사를 받음에 영원토록 찬양 하리 찬양 하리. 하나님 앞에 영광을 돌리며 후대에게 기쁨을 나누리.

갯벌마을

촌 갯벌 마을에 집회를 갔다. 그들의 모습에서 마치 추수한 가을 녘 농부의 넉넉한 마음과 따뜻한 마음을 읽는다. 순박한 그들의 마음 밭에는 은혜도 풍성하다. 하나님의 능력 안에 집회도 뜨거웠다. 주님이 가라 하시면 부에도 빈에도 어디고 가오리라. 스올의 뱃속에 요나를 생각하면서, 문제가 생겼다. 볼일을 보아야 하는데

파리 모기떼가 너무 아우성이다. 목사님은 담임목사님 오토바이 꽁무니에타고 시내 큰 식당에 가서 볼 일을 보았다. 참 우습고 재미있는 일이다.

한번은 낮 예배가 끝나고 담임목사님과 성도님들이 게를 잡으러 가자 한다. 갯벌로 따라나섰다. 신을 벗고 발이 푹푹 빠지는데 들어가서 작은 게를 잡았다. 조그마한 게지만 손가락을 꼭꼭 깨문다. 아프기도 하고 신기하기도 하고 귀엽다. 아무리 작은 생명체라도 스스로 자신을 방어하는 기술을 가지고 있다. 자신을 보호 할 수 있다는 것이 신기하고 놀라운 하나님의 섭리이다.

갯벌에 상황을 잘 몰라 재미로 따라 갔다가 더 깊은 수렁으로 발을 뺄 수가 없었다. 우리 목사님 등에 업혀 밖으로 나오면서 지난 세월을 유추하는 드라마의 한 장면을 상상했다. 담임목사님과 성도님들이 우습다고 손뼉을 치고 난리다. 게를 잡으러 갔다가 게에게 잡힐 뻔 했다. 아무것도 아닌 것 같은 사소한 것에 더 깊은 주의가 필요할 것 같다.

고마웠던 분들

인생이란 한 줄기의 소나기와도 같다. 말 뛰듯 뛰시더니 이슬에 꽃같이 시들어지심이여. 능력의 주님이 함께 해서 기적의 역사를 이루어 나가던 그 모습들을 바라봄이요. 주님이 베풀어준 달과 별을 바라본다. 피곤한 손과 연약한 무릎을 일으켜 세우고, 상한 맘을 고치시고 구원하여 주시기를 원하시는 주님. "환난 날에 나를 부르라 내가 너를 건지리라"고 하시지 않으셨나요.

주님의 오른손으로 붙들어 주시기를, 병상에 하루가 천년과도 같구려. 고난 중에 따사로운 사랑의 발걸음들이 있으니, 너무나도 고마웠다. 담임목사님은 물론이거니와 한 시간 반 거리의 얼바인에서 LA까지 사모님과 함께 여러차례 방문하여 주신 콩코디아 대학에 부학장이신 문상익 박사님, 또 세미나차 타주에서 운명하셨다는 소식을 들으시고 매우 바쁘심에도 불구하시고 카드문자까지 전해왔으며, 이광국 목사님 께서는 자택이 먼데도 불구하시고 교회가 끝나면 꼭 점심을 사들고 병실을 방문하곤 하였다. 박민균 장로님께서도 매주 점심을 사가지고 방문하였다. 그리고 여러 목사님들과 여러 성도님들의 방문하여 주심에 너무나 고마움을 형용 할 길이 없다.

장례예배, 추도예배에 교단 목사님들과 세계아가페교회 김요한 목사님을 비롯 여러 목사님들과 여러 전도사님들, 여러 성도님들, 모든 단체장님들. 모든 친구 분들, 모든 형제들, 화원을 보내주신 모든 분들, 감사라는 언어로 넘어가기에는 아쉬운 이름들이다. 이 많은 빚을 언제 다 갚을는지. 남은 생애가 그래서 더 값진 것 같다.

손을 펴서 120살 까지 셀라하니 손가락이 모자랐다. 할 수없이 또 하나님의 도움을 받아야 할 것 같다. 이렇듯 하나님 앞에 감사의 숫자는 날마다 쌓여가고 있다.

이것도 주님에게 맡겨야 할 것 같다. 고맙고 감사한 표현은 하면 할수록 또 다른 기쁨과 행복한 감사를 잉태하는 것 같다. 그들을 통한 나의 기쁨은 하나님의 기쁨일 것이다.

그는 힘껏 뛰었다

그는 달려갈 길을 위해 힘껏 뛰었다. 마라톤 선수가 금메달을 목에 걸기 위하여 달리는 것처럼 그는 하나님의 면류관의 푯대를 향해 믿음의 능력의 활력이 얼마나 크다는 것을 알기에 목숨을 던지고 뛰었다.

온전한 것을 구비하여 조금도 부족함이 없이 옳다 인정함을 얻기 위하여 환난가운데도 굽히지 않음은 나는 네 하나님이 됨이라. 박해에도 굽히지 않음은 참으로 너를 도와주리라. 허기짐에도 굽히지 않음은 내가 너와 함께 함이라. 회오리바람처럼 흔들어 놓아도 굽히지 않음은 내가 너를 굳세게 하리라. 참으로 나의 의로운 오른손으로 너를 붙들리라.

주의 군사로 뽑힌 자로 뒤를 돌아보지 않는 주의 군사, 그는 날로 새로워지는 영권을 잡으며 위를 향하여 달렸다. 진리로 허리에 띠를 띠고 의의에 흉패를 붙이고 예비한 것으로 신을 들메하고 모든 것 위에 믿음의 방패를 가지고, 너희는 온 천하에 다니며 만민에게

복음을 전파하라하신 영혼을 소생시키는 힘을 받으며 뛰었다 또 뛰었다.

한손에 말씀가방 한손에 옷가방을 든 채 비행기에서 내리자마자 집회장소를 향해 달렸다. 단에 서자마자 진액이 빠지도록 찬송을 인도했다. 주가 베푸신 은혜자리에 설교에 들어가기도 전, 성령에 취해 하늘을 향해 든 손들은 황금물결을 이루고, 갈급한 심령들 위에 부어주시기를 원하시는 주님의 뜻을 받들어 그는 달렸다.

어제도 오늘도 내일을 향해 주님의 곳간 안에 거두어 드릴 알곡들을 위해 오늘은 이곳 내일은 저곳, 세계 방방곡곡에 황혼 때가 지나가기 전에, 그는 뛰었다 또 뛰었다.

기도 중에 본 갈 밭

지혜로 땅을 세우셨으며 명철로 하늘을 굳게 펴셨고 그 지식으로 태양이 갈라지게 하신 여호와 하나님 앞에 감사하며, 어느 날 기도 중에 넓은 벌판에 무릎까지 올라오게 자란 갈색 빛을 띄운 풀들이 쫙 깔려있는데 얼마나 우아하고 아름다운지 살랑살랑 바람에 날렸다. 황금 곡식이 무르익어 너울거리는 모습이었다. 좀 떨어진 곳에는 작은 말 하나가 서 있었다.

그곳은 아무도 지나가 본 사람이 없는 길이었다. 보이지 않는 그 길을 "네 남편이 그 길을 갈 것 이라"는 환상을 보았다. "오직 성령이 너희에게 임하시면 너희가 권능을 받고 예루살렘과 온 유대와 사마리아와 땅 끝까지 이르러 내 증인이 되리라" 하신 말씀 안에 물밀듯 용맹함이 몰아쳤다.

하던 사업을 정리하고 주의 길에 들어섰다. 우리는 하나님 앞에 모두 다 빚진 자로 살아가고 있다. 복음의 빚 헌신의 빚 물질의 빚.

사업을 정리하고 80년도 그때 당시 우리로서는 작지 않은 액수를 하나님 앞에 드렸다.

그 이후로 복음의 빛을 들고 헌신의 빚을 갚으러 달리기 시작 했다. 깊이 묻힌 보배를 캐어내기 위해, 눈에는 아무 증거 아니 보여도 믿음을 가지고 은혜 속에 강하게 주님 가신 길 십자가의 가시밭 그 길을 주님이 함께 하여 곳곳에 부흥집회가 시작이 되었다.

부름 받아 나선 몸 어디든지 가오리라 그 어느 누가 막으리까. 괴로우나 즐거우나 주 만 따라 가리라. 아골 골짝 빈들에도 복음 들고 소돔 같은 거리에도 사랑 안고 찾아가리라.

주의 밝은 빛에 항상 활동하며 모든 것 희생하리라. 가는 곳 마다 일어나는 성령의 역사가 계속 확장되고 있었다. 한국, 일본, 대만, 홍콩, 하와이, 중국, 브라질, 과테말라, 독일, 전 미주, 세계 방방곡곡에 주님 주신 사랑, 주님 주신 기쁨 어찌 말로 다 형용하랴.

세속에 물들지 않고 마음껏 날개를 펼친 시기였다. 우리의 삶은 상대성 원리로 평행을 이룬다. 항상 평탄한 길만 있는 것이 아니라 돛 없는 배 같이 흔들리기도 하며 희생과 헌신의 정신이 없이는 못 가는 길, 가시밭 길을 가야할 때도 있다.

말이 달리 듯 갈대와 같은 인생들의 밭을 향해 복음을 들고 오늘도 그 사역을 감당하는 것은 하나님의 특별한 관심과 나를 향한 배려인 것 같다.

기도하던 날

새해가 찾아왔다. 마음껏 소망을 꿈꾸는 출발의 새해, 우리 목사님은 내 어깨에 손을 살며시 얹으며 "은혜 많이 받았습니다" 하고 웃으면서 농담을 하셨다. 웃으면서 어깨에 올려놓은 무거운 손길이 아직도 어깨위에 있는 듯 가시지 않는 그 손길을 지우지 않으려 그 기도를 다시 떠올렸다.

이땅 위에 험한 길 가는 동안 주님의 새 생명 얻어
주야로 주님과 함께 하기 위하여
주님의 고난의 십자가 밑에 나왔습니다.
한 해가 가고 한 해가 오매 산천도 초목도 새 것으로 변하고
우리의 이마에 여울져가는 인생의 세월도 흘러만 갑니다.
주님을 향한 이마의 여울은 얼마나 지어 지는지요.
주가 부르실 때에 무어라 응답 해드릴까요.

말씀위에 굳게 서서 내 뜻과 정성을 다 하여
내 할 본분을 다 하게 하여 주옵소서.
우리의 연약함을 아시는 주님 강한 손으로 잡아 주옵소서.
한 알의 밀알이 땅에 떨어져 묻히게 하여 주옵소서.
주가 맡기신 모든 역사를 힘을 다해 마치고
하나님이 위에서 부르신 부름의 상을 위하여
푯대를 향하여 달려가 의의 면류관을 얻도록
축복하여 주시옵소서.
이제 주의 말씀을 대언 하실 때 곤비치 않게 하여 주옵시고
진리의 영을 부어 주시 사 그 말씀을 받는 자 마다
영안이 열리게 하여 주옵소서.
하나님의 말씀은 살았고 운동력이 있어 좌우의 날선
어떤 검보다도 예리하여 혼과 영과 및 관절과
골수를 찔러 쪼개기 까지 한다 하셨으니
그 말씀을 우리의 마음 판에 새겨 인생행로에
거울이 되게 하여 주옵소서.
이제 주의 은혜에 감사하여 적은 손길을 폅니다.
큰 손길이 펴질 수 있도록 축복위에 축복을 더하여 주옵소서.
행여 주님의 것을 내 것이라 고집하며
살아오지는 않았는지요.
미련하고 둔함에 지혜를 부어 주시옵소서.
말씀위에 굳게 서서 복음의 신을 굳게하여
주님의 합당한 열매를 맺게 하옵소서.

사랑의 주님 감사 합니다.
아멘.

꽃 속에 묻힌 그의 얼굴

덧없이 흘러만 가는 세월을 잡을 자 누구이며, 소리 없이 밀려오는 세월을 막을 자 누구이랴. 오늘은 첫 추도 예배 날이다. 아직 내 몸에 입김이 사라지지도 않은 채 벌써 일 년, 오늘은 꽃 속에 묻힌 당신의 얼굴이 너무 환하고 늠름하고 멋지고 아름다워 보이는 구려. 영정사진을 둘러 싼 국화꽃의 향기는 온 성전을 휩싸는구려.

꽃을 좋아 하였기에 얼굴에 꽃 장식이 되었나 봐요. 행복 하시지요. 웃어 라도 보여 주시구려. 벌써 그 사이 웃음마저 인색 해졌나요. 많은 친구 분들이 오셔서 추모를 해 주셨어요. '허허' 너털 웃음 소리가 들리는 것 같구려. 온기가 감도는 땅 속 깊이 누어있는 곳으로 꽃을 이동 시켰지요.

비석 가장자리에는 노란 금태가 둘러있고 그 안에 포커스로 십자가가 새겨져 있으며 노란 글씨로 '이수민 목사' 라는 글귀가 선명합니다.

"1931.6.28 - 2006.9.22"

출생 날과 당신이 하늘나라 간 날이 쓰여 있고요.

밑에는 '세계적인 부흥사' 라고 새겨 놓았습니다.

비석이 참 돋보이는 구려. 멋지네요. 평상시에는 국제신사 라는 말 많이 들었지요. 한 세대를 참 잘 장식한 자 같구려. 부럽구려. 늠름한 입가에 미소는 언제 보여 주실래요. 따뜻한 온기마저 잃고 싸늘해진 몸. 갑갑하시지요. 쓸쓸 할 때도 있지요.

집에 오고 싶을 때도 있지요. 언제나 문은 열려져 있어요. 몇 집 내려가면 온정이 많은 장모님 댁이 있잖아요. 내려가서 재미있게 대화라도 하세요. 꽃 속에 묻힌 당신의 얼굴을 바라보면서 한 줄기의 눈물방울이 떨어질 심정 같구려.

꿈에 보여준 상주들

 석양이 가까워 서산에 해가 질 때 떠날 기약이 가까웠나 보다. 꿈에 한국에 하얀 옷에 머리에 새끼를 두른 상주들이 쭉 줄을 지어서 산에 걸어가는 것을 보았다. 장막 같은 몸이 무너질 때 영원한 안식을 위해 광명한 하늘에 계신 주께서 쉬라 하시리라.
 예배를 드리고 보내 드려야 할 것 같았다. 교단에 오래 되시고 연세도 있으신 홍영환 목사님께 예배를 부탁 드렸다. 마지막 예배인 것 같아서 마음이 너무 아프다. 항상 보고 싶어 하고 부흥집회를 나가도 보고 싶다고 전화를 하곤 하던 딸이 동부에서 왔다. 마지막 일 주일을 병원에서 아버지와 함께 지냈다. 아버지가 누워계시는 침대에 어린천사가 아버지 옆에 같이 앉아 있는 것 을 꿈에 보았다고 하였다.
 선한 싸움을 다 싸우고 달려갈 길을 마치고 믿음을 지켰으니 그를 위하여 의의 면류관이 예비 되었으리라. 마지막 가는 그 사람에게 내가 아무것도 해줄 것이 없었다. 좋은 옷도 맛있는 음식도 아무것도 필요로 하지 않았다. 내가 해줄 수 있는 것이라 곤 마지막 까지 곁에 같이 있어주는 그것 뿐이었다.

머리 이발 해 주고 면도 해주고 세수 시켜주고 손발 닦아주고 손톱 발톱 다듬어주고 손과 발을 맛사지 해 주고 손을 마주 잡고 손뼉을 치며 "내게 강 같은 평화 내게 강 같은 평화" 등등 부흥집회에서 많이 부르던 찬송가를 둘이서 불렀다. 눈시울을 닦아 가면서 하루에도 몇 번을 되풀이 했다.

24시간 병석에 있으면서 내가 해줄 것 이란 고작 이것 뿐 이었다. 생사화복이 하나님의 주관에 달렸으니 내가 무엇을 하리이까. 말은 못 해도 찬송을 부르면 입가에 웃음이 보였다. 얼굴이 훤해졌다. 힘이 든다는 것을 알면서도 혹시 기적이라도 일어나지 않을까. 마음의 비중이 그 선을 넘는 것 같다. 아니면 이대로 라도 오래오래 있어 주었으면 하는, 간절한 마음이 끊이질 않았다.

"이 사람은 일을 많이 했으니 이제는 좀 쉬어야한다. 이제는 놓아 주어라" 하는 음성이 귀에 들려왔다. 4개월 20일 간의 병상생활도 이제 끝이 나는 가 보다. 그래서 마음을 다스리기 위해서 이모저모로 미리 보여주신 것 같았다. 그는 2006년 9월 22일 새벽 2시 50분에 지상 사역을 마감하고 기나 긴 여행길에 올랐다.

남편에게 올리는 추모사

사랑의 주님 감사합니다.
모든 강물이 바다로 흐르되 바다를 채우지 못 함같이
우리의 삶 또한 채워지지 못함 같습니다.
사랑의 빚 이외는 지지 말라 하셨는데 오늘도 이와 같이
많은 빚을 지고 주님의 십자가 위에 덧 입혔습니다.
잡아도, 잡아도 잡아지지 않는 공전의 흐름 속에
어디선가 보일 듯 보일 듯 함이 벌써 일 년
이마에 많은 여울짐에도 아랑곳없는 듯
이땅 위에 우리의 장막집이 무너지고 우리를 위해 예비하신
하늘에 있는 영원한 집이 우리를 기다린다 하시나
인생행로의 갈림길이 그리도 인색한지요.
믿음의 동역자요 은혜자에게 보이시매
하얀 세마포 옷을 입고 하늘나라 일번지에 사신다 하셨으니
만물의 피곤함을 사람들이 말로 다 할 수 없으며

사도바울과 같이 사십에 하나 감한 매도 태창의 매도
맞지 아니 하였으나
"땅 끝까지 이르러 내 증인이 되라" 하신 거룩한 믿음의
말씀위에 굳게 서서 내 뜻과 감정을 버리고
주께서 맡기신 모든 역사를 힘을 다해 마치고
평안의 복음의 예비한 것으로 복음의 신을 신고
선한 싸움을 다 싸우고 하나님이 위에서 부르신
부름의 상을 위하여 푯대를 향하여 달려가
의의 면류관을 받으신 줄로 믿습니다.
영화로운 시온 성에 거닐고 있음을 앎에도
이따금 목이 멤은 험한 인생행로의 연정이 아니겠는가.
때를 따라 돕는 은혜를 받아가며
때로는 입가에 미소도 때로는 눈시울의 무거움도
때로는 배부름도 때로는 허기짐도
때로는 초라함도 때로는 당당함도
이것이 부름 받아 나선 사역자들의 모습이 아니겠습니까.
기억나시지요? 언젠가 한국의 법무부를 향할 때
까맣게 올려다 보이는 굴다리 층계를 오르면서
"지게꾼이라도 있으면 지워 갔으면좋겠다" 하시던 말
한 시간 반 두 시간 거리의 재소자를 찾아 갈 때면
"빵 이라도 하나 먹고 갔으면 좋겠다" 하시던 음성이
아직도 귓가에 스치는 듯 합니다.
삼십여 년 간 쌓아오시던 사무실을 정리하다 보니

이모저모로 참 일을 많이 하셨더군요.
인생들이 헤아려 보지 못 하는 이 헤아림을 오직 주님만이
굴곡이 많은 세파 속에 휩쓸리어 거닐고 있는
우리들의 바람은 오직 근신하여 믿음과 사랑의 흉패를 부치고
구원의 소망의 투구를 쓸 수 있도록 노력할 것임이라.
사랑의 주님 감사합니다.

눈 오던 날

 인간은 세대위에 한계라는 줄이 그어져 있을까. 일에 정열을 품은 성격은 노는데도 정열을 품는 것 같다. 눈을 보기위해 동부에 사는 아이들 집에 갔다. 동부의 날씨는 한국의 날씨와 같아 겨울은 너무 춥다. 그래도 잔뼈가 굵어진 고향의 계절 맛이 더 좋아 보인다.
 정신을 팍 나게 하는 스며드는 오싹 감촉. 축 늘어지는 더운 지방의 기후보다 한결 상쾌한 기분이다. 때를 따라 마음을 활짝 펴는 호탕한 성품의 할아버지를 손자들은 무척 좋아한다. 밤새 내린 눈은 어느 물체하나 외면하지 않은 채, 지붕에도 나무에도 소복소복 발등이 넘게 내렸다.
 모든 생존체들의 마음이 눈과 같이 희겠지. 눈이 녹지 않고 그대로 쌓여있었으면 좋겠다. 마음속에 소복소복 쌓여진 눈들 말이야. 하나님의 솜씨 참 놀랍다. 마음을 씻어 내라고 계속 함박눈이 쏟아졌다. 할아버지는 신기한 듯 "야 저 눈 봐라"하며 아이들 보다 더 좋아했다. 방학이라 늦잠을 자는 아이들에게 눈싸움 하러 나가자며

난리다.

　어릴 때 북쪽은 무릎까지 오는 눈에서 아이들과 눈싸움을 너무 많이 했다. 어찌 아니랴, 얼마 만에 보는 눈의 광경인가. 드디어 눈싸움은 시작되었다. 세 놈들이 할아버지를 공격했다. 전쟁은 맹렬했다. 할아버지는 패배직전이다. 나에게 지원을 요청했다. 아침부터 트로피라도 받을 것 같았지만 나는 휴전을 선포했다.

　눈사람을 만들기로 작전을 세웠다. 휴전을 선포한 기념으로 큰 눈사람이 우뚝 섰다. 그렇게 즐겁게 노는 모습이 아이들과 다를 바 없다. 때를 따라 정열을 쏟을 줄 아는 성품. 맹렬했던 눈 오던 날의 전쟁.

뉴욕형무소

세상에 눈을 뜨기도 전 세대의 흐름 속에 서보지도 못한 채, 모진 비바람에 돋아나는 순이 꺾여 있었다. 철부지의 어린나이 철없이 뛰어놀다 다친 상처, 이렇게 막중함이 될 줄이야. 아주 똑똑하고 영리한 두 학생을 방문했다. 만나고 보니 나의 마음은 무거웠지만 너무 밝은 성격이라 다소 안심할 수 있었다.

수감소에 있는 모든 일을 일일이 편지로 목사님에게 연락하고 가끔 전화통화를 하던 친구들이다. 어머니의 너무 열정적인 돌봄. 자식은 눈에 넣어도 아프지 않다는 옛 격언. 손발이 다 닳도록 고생함이 아니라 마음이 다 닳도록 고생하는 것 이다.

삼일이 멀다하게 목사님에게 전화로 문의할 때 마다 조급한 마음, 간절한 마음 금방이라도 터질 것 같은 마음, 손을 놓고 바라만 볼 수 없는 애처로움. 광야에 찬바람 불고 가는 길 멀고 험해도 또 힘을 내고 또 힘을 낼 것이다.

"하나님이여 속히 건지소서.

여호와여 속히 도와 주옵소서.
사망에 그늘진 땅에 빛이 되신 주여
빛을 볼수있게 하옵소서. 훨훨 날 수 있게 하옵소서.
바울과 실라의 옥문이 열리게 하옵소서.
우리 주의 은혜가 그리스도 예수안에 있는
믿음과 사랑과 함께 넘치도록 풍성하게 하옵소서.
우리주의 가슴은 하늘보다 넓고 넓지 않습니까?"

능묘를 보여 준 그날

　만물의 풍요로움이 가을을 상징 하는가 보다. 2006년 4월 30일 주일 아침 열한시 예배 시작 할 시간, 쇼크로 병원에 입원, 이런저런 방법을 모두 동원했으나 시간이 너무 경과 되어 힘들다고 했다.
　입원한 지 삼주 쯤 지나 환상을 통해 한국에 아주 큰 능묘가 보이는데 매우 아름답고 발그스레한 예쁜 잔디가 하늘하늘 아름답게 날리고 있었다. 붉은 잔디는 가을을 상징함이 아닌 가, 행여 가을에 ....
가슴에 쿵쿵 소리가 나기 시작했다.
　하나님의 하시는 일을 어찌 사람들이 말로 다 형용할 수 있으랴. 바랄 수 없는 중에 소망이 마음 한 구석에 도사리고 있음이 아닐까. 봄날처럼 따사로운 주님의 사랑의 손길이 넘치도록 채워지기를, 그 얼마나 고대하고 기다리고 있음인가.
　찾을 때가 있고 잃을 때가 있으며 사랑 할 때가 있고 미워 할 때가 있으며 천하에 범사에 기한이 있다 하지 않았는가. 평생의 모든 날들이 그림자 같이 지나가야만 하는 것 일까. 예루살렘왕 전도자는 말하기를 "죽는 날이 출생하는 날 보다 낫다" 하였으며 예수님은 이 땅위에 오신지 33년 동안에 큰 대의를 남기셨는데 누워있는 자도 미국에 온지 33년, 무엇을 남기고 가시랴 그리 힘이 드시옵니까.

주 따라 가는 길 멀고 힘해도 그 발자취를 따르려 하였음이 천만분의 일 이라도 되었을까? 아시지요 우리 주님? 아내인 나도 좀 알 듯합니다. 급하게 사역을 받아 급하게 사역을 하시다가 급하게 가시려 하심이 그렇게 급한 걸음으로 달리시더니 기약의 날이 너무 바쁘고 할일들이 너무 많아서였나봅니다.

그러기에 내가 좀 나누어 달라 하지 않았습니까? "안된다"고 하셨지요. 맡은바 사명 완수하기에 그리도 바빴나 봅니다. 시냇가에 심기운 나무처럼 청청하여 잎사귀가 마르지 않음같이, 주의 십자가에 한 부분이라도 부추길 힘이라도 있을 듯, 하늘에 별이라도 딸 듯, 영생의 소망에 용맹하였음이 독수리의 날개 치며 올라감 같이 떠오르는 태양빛 같이 온 세계에 비추라 하신 주님의 말씀을 기억 하였음이리라. 아쉽구료, 아쉽구료 그 용맹하였음이여 기다리리. 기다리리. 기다리리.

독일

독일에서 박 목사님이 시무하시는 교회에 우리목사님이 집회를 가셨다. 교회도 아름답고 목사님이 아주 열정적이다. 교인들도 은혜롭고 충만했다. 열정적으로 목회를 하시는 목사님이었다.

주의 주신 사명을 완수 할 수 있다는 것이 얼마나 귀한가. 어려움을 딛고 일어설 줄 아는 참 종의 모습이었다. 종교개혁자 마틴 루터가 안장되어있는 위텐버그 지역 캐슬교회에 갔다. 아주 웅장하고 큰 성전이다. 캐슬교회 강대상 아래 마틴 루터의 묘가 안치되어 있었다. 정말 어려운 종교의 개혁을 해낸 것이다. 하나님의 뜻이 아니고는 이룰 수 없었던 역사적인 현장이다. 수고로움이 있어야 편안함이 있지 않겠는가?

내가 독일에 갔을 때는 사위 정 목사가 독일에서 목회를 할 때였다. 눈이 너무 많이 오고 너무 추워서 위텐버그에 있는 캐슬교회에 가보지 못했다. 아주 아쉽다. 독일에까지 가서 못 보고 왔으니 말이

다. 우리 목사님의 설명으로 실제 목격함과 방불하다. 보지 못하고 믿는 믿음을 생각했다.

말씀 중에 보여준 교회

아직 사역으로 발을 들여놓지 않았을 때, 불붙은 열정으로 달리며 은혜 사모함에 두 사람이 5시간 거리의 부흥집회에 참석차 자가용으로 달리던 시절. 전단지 도매상에 가서 파운드로 각국 말로 되어있는 전도지를 사서 전도지를 돌리고 테이프를 카피해서 돌릴 때였다.

어느 목회자는 말씀이 꿀 송이와 같다고 표현하였다. 말씀이 육신이 되어 우리 가운데 거 하시매 그 말씀이 그렇게 마음에 스며들 수가 없었다. 말씀을 보는 중에 앞에 커다란 교회가 하나 보였다. 나는 그것을 "분투하라, 깨우치심"으로 생각했다.

"영접하는 자 곧 그 이름을 믿는자들 에게는 하나님의 자녀가 되는 권세를 주셨으니" 말씀이 우리 가운데 거 하시매 은혜와 진리가 충만하다 하였음이라. 사랑이 넘치는 자비하신 하나님의 풍성한 구원의 은혜가 새삼 넘치는 것 같았다.

생명과 빛으로 지혜와 권능으로 주의 뜻 받들어 참되게 주의 말

씀 따라서 용감하게 하소서. "여호와를 경외하는 것이 지식의 근본이라" 하였음에 "지혜를 얻는 것이 은을 얻는 것 보다 낫고 지혜를 얻는 것이 정금보다 낫고 지혜를 얻는 것이 바다 속에 깊이 묻힌 진주보다 귀하다" 하였다.

73년도에 미국에 처음 이민와서 김동명 목사님과 안이숙 사모님께서 시무하시던 베렌도 한인 침례교회에 나가기 시작했다. 침례교회는 세례가 아니라 침례를 받아야 하기에 두 사람이 태평양 바다에 나가서 물속에 들어가는 침례를 받았다. 주의 말씀을 받은 그날 새 사람이 된 기분이었다. 천한 몸이 새사람이 되어 거듭난 기쁨 근심의 구름이 사라지고 물밀 듯 마음에 기쁨이 넘쳤다.

주의 피로 구속받아 모든 것이 변한 것 같았다. 미국에 처음 와서 얻은 직장이 키펀치 치는 직업이었다. 테크니칼 칼리지에 가서 타자를 배워가지고 취직을 했다.

한번은 모 교회에서 부흥집회가 있었다. 새벽에 집회에 참석했다가 직장으로 바로 가곤했다.

아주 기분이 상쾌하고 발걸음이 가벼웠다. 일 하면서 나도 모르게 찬송이 콧노래로 나왔다. 서울음대 나온 친구가 옆에 앉아서 일하다가 "이거 봐 미세스 리, 부흥회 아직 안 끝났어?" "어 부흥회는 끝났는데 마음에 부흥회는 아직 안 끝났어" 하고 두 사람이 폭소를 터트렸다. 깜짝 놀라 일하던 사람들이 우리를 쳐다보고 있었다.

오전 십 오분 브레이크타임이 되면 빨리 점심을 끝내고 정작 점심시간이 되면 급히 휴식하는 장소로 달려가 누워서 홑이불을 얼굴까지 뒤집어쓰고 방언으로 중얼중얼 열심히 기도를 했다. 30분 점심시간이 나에게는 그처럼 중요한 시간이었다. 이렇게 몰아치시더니 하나님은 사역의 현장으로 남편을 인도 했나보다.

백두산 천지

중국은 아직 문을 열어놓고 선교하기 힘든 곳이다. 1999년 9월 6일, 한국의 K 목사님의 인도로 우리 목사님과 나는 몇 분의 부부 목사님들과 함께 중국에 갔다. K 목사님은 아주 대단하신 목사님이시다.

중국에 교회를 세울 수 없기에 예배를 드릴 수 있도록 양노센터를 지어놓았다. 허락을 받고 예배를 드렸는데도 보초 두 사람이 서 있었다. 선교의 지경을 넓히기 위해 큰 백화점도 설립했다. K 목사님은 물심양면으로 투자를 많이 하시고 일을 많이 하셨다.

주님의 소명이 아니면 어찌 하리오. 관광버스를 타고 백두산 천지를 올라갔다. 그 꼭대기에서 내려다보이는 절묘한 강의 정경. 북녘 땅을 바라보면서 우리 목사님은 눈물이 글썽, 수 많은 젊음을 앗아간 세월들. 많은 가슴에 수 많은 한을 남겨준 그는 과연 누구인가?

가슴에 박힌 대못이 빠지지도 않은 채 세월은 흘러만 갔다. 백두산 줄기줄기 흐르는 정기, 금강산의 신비, 원산에 명사십리, 해당화, 이 모든 아름다움이 찬 이슬에 젖은 양 태양은 떠오르고 있었다. 마

치 맺힌 이슬을 벗겨주는 것처럼.

  온천의 물은 너무 뜨겁다. 바닥 마을까지 뜨거운 물이 흘렀다. 저들의 마음속에도 민족을 사랑하는 조국의 뜨거움이 흘렀으면, 흘러내려오는 뜨거운 물에 계란을 삶아서 판다. 온천물에 삶아진 계란을 사서 먹었다. 장충, 연길, 훈춘, 두만강, 백두산천지, 온천을 둘러보았다. 중국의 개발은 광야 같다. 믿음은 눈 높이를 세계에 올리는 광대함과 같다.

법무부, 그는 해냈다

짧고 긴 10년의 끈질긴 노력 끝에 그는 드디어 해 내었다. 영광교회 이수민 목사님은 1996년 남가주 기독교 교회 협의회 회장을 하면서 4천여 명의 재소자가 수감되어있고 13명의 한국 재소자가 있는 랭케스터 형무소를 다녀온 후 그들의 얼굴이 지워지지 않아 박태회 LA 총영사님께 건의하여 함께 랭케스터형무소를 방문, 저들 재소자들이 한국을 그리는 마음 간절하여 이수민 목사님은 이때부터 저들을 한국으로 이송시킬 방법을 연구 드디어 국제 수용자 이송 법안을 찾아내었다.

미주자국민 보호위원회를 창설하고 미 경찰국으로부터 재소자 교환 문제 즉 미국에 있는 재소자가 한국으로 한국에 있는 미국 재소자가 미국으로 오는 조약관계를 찾았다. 벌써 53개 국이 연합 동맹국에 가입한 상태로 불란서에 본부가 있음을 찾아내었다.

불란서 본부와 전화 서신 연락을 취하여 한국 법무부와 연결 가입신청을 요구한 것은 쉬운 일은 아니었다. 비난도 받아가며 쉬지 않고 노력을 했다. 수차례 법무부를 찾았고 쉴새 없이 전화를 연결해 가며 좋아하던 싫어하던 눈을 딱 감고 구차할 정도로 전화를 했다.

이인규 검사님과 김한수 검사님께서 많은 힘이 되어주었다. 정부 각 기관에 진정서를 올리기도 했다. 김대중 대통령을 비롯하여 당시 이한동 국무총리, 이만섭 국회의장, 박헌기 국회법사 위원장, 이수성 총리, 박상천 법무부장관, 이회창 한나라당 총재에게 진정서를 보냈다.

여러 관계자들을 직접 찾아 만나 한국 송환제의 필요성을 논의, 믿음의 방패를 가지고 육체와 함께 정과 욕을 십자가에 못 박고 분투 노력하였다. 세상 삶에 잠깐 동안의 무관심이 이토록 무거운 짐이 될 줄이야 한 인생의 종착이 새로이 뻗어갈 길을 찾기에 힘겨운 일들이다.

그는 오늘도 소망을 가지고 또 뛰어본다. 까맣게 올려다 보이는 지하도 층계를 오르면서 힘겨운 층계를 바라보며 "지게꾼이라도 있으면 지워 올라갔으면 좋겠다"며 법무부를 향해 계속 달린다.

나의 도움이 천지를 지우신 여호와께로 부터 옴을 바라보며 현지에 약 200여명이 넘는 한인 재조사를 바라보면서 법 제정 추진을 촉구하기 위해 전국적으로 약 500여명 정도 10년 동안에 법무부장관이 12명 교체되었다.

저들이 형기를 마치고 돌아올 때 저들을 받아줄 재활원 개설을 위해 한국의 몇 군데 장소까지 답사했다. 끊이지 않는 희망을 걸고 또 달린다. 허물어져가는 저들 인생의 터전의 새로운 출발을 위해

목사님의 마음속에 이미 설계도가 구성되어있다. 피나는 노력 끝에 2005년 11월 1일 조약이 정부에서 정식으로 공표되었다.

그 누구보다도 기뻤던 사람은 자국민 보호위원회 회장, 이수민 목사님이시다. 많은 자녀의 어버이가 풍작의 기쁨을 맛보는 듯, 그러나 앞으로의 문제들도 만만치는 않을 것이다. 많은 자녀들과 힘을 합치면 "백지장도 맞들면 났다"는 격언이 나오지 않겠는가? 한사람 두 사람 송환 되어 나갈 때 그들의 어깨를 두드리며 "수고들 많이 했어. 나도 수고를 많이 했어"하며 너털웃음이라도 지어야 할 것 아닌가.

모세가 온갖 노력 끝에 가나안 땅을 바라만 보는 아쉬움. 그들이 송환되어 나가는 것을 바라만 보아했던 아쉬움. 너무 아쉽구려. 동행자 사모 이승언은 이글을 쓰며 어찌 그리도 뜨거운 눈물이 흐르는지요.

제2부
병상일지

병상의 울음바다
병상일지 1
병상일지 2
병상일지 3
병상일지 4
보디가드
사랑
산보하던 길
수감소에 웃음 꽃
스승의 힘
싼타모니카 비치
얼기설기 엮은 새끼 줄
옥합을 찾자
용문산 기도원
이런 사람도 있다.
이발사

병상의 울음바다

　세월도 흐르고 인생도 흘러만 간다. 남편이 병원에 계신지 두 달, 동부에서 손주들 셋이 방학하자 바로 7월2일 LA에 도착했다. 일 년 만에 찾아와 할아버지의 모습을 보고 있는 것이다. 남편은 말없이 바라만 보고 있었다.
　아이들은
　"할아버지 말좀 해봐 말 좀. 할아버지, 할아버지 이러면 안 돼. 안 돼. 정신 좀 차려봐. 할아버지 왜 이렇게 됐어. 왜 이렇게. 이번 여름방학에 오면 여기저기 물놀이 공원도 놀이터에도 데려 간다고 스케줄까지 잡아놓았다 하지 않았어. 할아버지, 할아버지, 일어나야 해. 일어나."
　엉엉 통곡을 했다. 12학년 10학년 8학년 다 큰놈들이
　"안 돼. 안 돼. 할아버지, 할아버지" 하며 막 울어댔다.
　차마 볼 수가 없었다. 병실이 떠나 갈 것 같았다. 의사 간호사들이 모두 달려왔다. 갑자기 환자가 숨이라도 멈췄나 해서 한참 소동

이 났다.

사라와 존은 아직 어리니까

"안 돼. 안 돼. 할아버지, 할아버지, 살아야 해 살아야 해" 하면서 엉엉 계속 울기만 했다.

제일 큰놈 데이빗은 할아버지 손을 꼭 잡고 넋두리를 늘어놓았다.

"할아버지, 이제 천국 가서도 우리들 너무 보고 싶어하지마. 우리들도 금방 할아버지 따라서 천국 갈 거야 알았지. 할아버지는 너무 훌륭한 사람이었어. 할아버지는 너무 용감한 사람이었어. 할아버지는 아주 씩씩한 사람이었어. 나도 할아버지 같이 꼭 훌륭한 사람이 될 거야. 할아버지, 기억나지? 엄마하고 나하고 할아버지 부흥회 갈 때면 비행장에 나가서 같이 따라 가겠다고 할아버지 손을 꼭 잡고 놓치 않고 줄을 서서 앞에까지 따라가면 들여보내는 사람이 '너는 안 돼' 하면 그 때부터 울기 시작을 하곤 했잖아. 할아버지 공항 픽업을 너무 많이 해서 비행기 소리만 들어도 '이것은 할아버지가 타는 비행기야. 이 비행기는 아니야' 소리만 들어도 알았잖아. 할아버지 너무너무 많이 생각이나"

하면서 흐느껴 우는 세 아이들을 보는 주위의 사람들의 눈에서 눈물이 나지 않을 수 가 없었다. 저렇게 아이들이 남편을 좋아했었나 싶었다. 무어라 한 마디라도 대답을 해주었으면 얼마나 좋을까.

너무너무 마음이 찢어지는 듯 했다. 기저귀를 차고 강대상 앞에 앉아서 엉덩이를 들썩들썩하며 할아버지 기도 하는 흉내를 내더니 어느새 저렇게 품 밖의 아이들로 자랐나, 며 칠 뒤 동부에서 사위 정

목사가 왔다. 장로님들을 비롯하여 모든 성도님들이 잘 받들어 나가는 사랑이 흐르는 교회다.

  7월 15일 장인을 만나러 병실에 찾아왔다. 장인의 손을 꼭 잡고 한참 이야기를 하며 말을 알아들으신다고 했다.

  "아버지 뒤의 일은 걱정하지마시고 아이들도 내가 다 책임 질 테니 안심하시고 빨리 일어만 나세요. 아버지 옛날 그 기백이 다 어디 갔어요. 힘을 내세요."

  참 고마웠다 장인과 마지막 대화를 주고받았으니 말은 나오지 않았어도 속으로 대답을 다 했을 것이다. 참으로 안타까운 날 들이다. 참으로 가슴이 미어지는 날들이다.

병상일지 1
(2006년 5월 24일. 수요일)

우리의 장막 집에서 떠날 때, 남은 사람의 눈물은 바다와 같습니다. 눈을 지그시 감으며 양미간을 찌푸리는 그 모습. 바라보는 가슴을 두들겨줍니다.

주님 말씀 하시기를

"이 잔이 내게서 지나 갈수만 있다면 지나가게 하시 오소서."

주님도 쓴 잔을 바라보시나 봅니다. 한 생명체가 작은 모체의 태 속 에서 허리를 펴지 못하고 열 달 동안을 인내하면서 살고 있었고 고해의 세상에서 굴곡이 많은 파도의 세파에 휩쓸리어 이리 쓰러지고 저리 쓰러지면서 버티어 나가기에 힘겨워 허리를 펴지 못 하였고 노을 져 가는 황혼에 구부려져 가는 허리를 펴지 못한 채 가야만 하는 길.

"만약 할만 하오시면 이 잔을 내게서 지나가게 하시 오소서."

　인생길에서 이 잔이 넘어 갈수만 있다면 힘겨운 그의 숨소리를 들으면서 메어지듯 솟구쳐 오르는 가슴을 억제하면서 헤아려 볼 자 그 또한 누구이랴.

병상일지 2
(2006년 5월 27일. 토요일)

참 평안의 모습이다. 시기도 질투도 욕심도 없는 평화로운 얼굴. 스스로 목을 이리저리 움직인다. 힘겨운 무거운 그의 숨소리를 들으면서 같이 숨을 쉴 수만 있다면 순간순간 힘들 때 마다 숨을 쉬어 줬으면 이 땅위에 험한 길 가는 동안 참 평안이 어디에 있나.

세월은 유수를 말 하지만 인생은 허망을 말 하는 가 보다. 인생은 미완성품이라 하지 않는 가. 아침 이슬과도 같이, 이 세상에 잠깐 머물다가 떠나야 하는 생명체들

토요일이라 주차장부터 썰렁한 기분이다. 마음이 쌀랑한 탓인지 날씨가 매우 쌀랑쌀랑한 것 같다. 몸에 스며드는 바람이 감기가 올 것 같다. 행여 옆 침대에 같이 누워 있기라도 하면 누가 숨을 쉬어 주리 힘을 내자 힘을 무엇이 서러운지 계속 흐느끼는 숨소리다.

오늘따라 슬픔이 몰려오는 가 보다. 어찌 아니랴, 아직 할일이 많이 있는데 손을 잡고 계속 찬송을 불렀다. 부흥회에서 하는 식으로

얼굴이 환히 밝아 보인다. 기쁜 표정이다. 마음속에 평화가 솟아남이라.

　무엇을 생각 하는지 눈을 빤히 뜨고 바라보는 미소의 얼굴이다. 주님 저를 통하여 영광 받아 주시옵소서. 무에서 유를 창조하심이 주님의 뜻이 아니 옵니까. 주의 인자하심을 인하여 구원하여 주시옵소서.

병상일지 3
(2006년 5월 30일. 화요일)

　무슨 잠을 그렇게 자는 거야 하는 음성이 들린다. 깜짝 놀라 눈을 뜨니 아침 6시. 아침마다 산보하러 나가는 시간이다. 아침 잠이 많아 일어나기 싫어하는 나.
　"내가 없으면 어떻게 하지 걱정이 태산이다."
　성화를 부리더니 어찌 나더러 혼자 나가라고 말이 없는 거야. 무심함이 태산보다 높은 사람아. 혼자만 쿨쿨 잠을 자면 나 어떻게 하라고. 매일 아침 산보가자고 소란을 피우더니 왜 이렇게 안 일어나는 거야. 좀 일어나.
　미국에 온지 33년이 넘었어도 어디가 어딘지 분별조차 못하는 이 멍청이를 어떻게 하라고. 길도 못 찾는 멍청이. 어리벙더리벙 하는 멍청이. 무엇하나 잘 하는 것이 있어야지.
　아무리 연구를 해 보아도 찾을 길이 없다. 한 평생을 답답해서 어떻게 살았을까.

　내가 생각하기에도 너무 한심한 멍청이 나. 사랑의 울타리로 나를 감싸주시더니, 나는 당신의 사랑 받기위해 태어난 사람 같구려.

병상일지 4
(2006년 5월 31일. 수요일)

병원에 들어온 지 벌써 한 달이 되었다. 지루하면서도 빠른 세월. 방 세 개에서 두 개 있는 곳으로 이사를 했다. 좀 조용하다. 방 하나 있는 곳으로 이사하는 날이 마지막 장막이겠지.

방 하나라도 좀 넓었으면 좋겠다. 의복 한 벌이면 관한 객 이라 하지만 오늘은 무슨 잠을 그렇게 오래 자. 그 동안 인생살이가 너무 힘이 들었나 보다.

바깥 뜰 에는 예쁜 작고 붉은 꽃이 다닥다닥. 꽃을 좋아하는 당신이 보면 너무 좋아할 것 같아 꽃이 잘 보이게 문 쪽으로 옮겼다.

우리 집 뜰을 거닐 때면 "아 꽃 참 예쁘다" 하면서 만지작거리며 향을 맡던 그 꽃이다. 당신이 이 꽃을 보면 너무 좋아서 벌떡 일어날 것 같다. 병원 사무실에서 새 같이 재잘거리라고 새 모양의 풍선을 가져다 달아준다.

"저 새 같이 훨훨 날아서 꽃도 만져보고 이 꽃, 저 꽃, 향도 마음

껏 맡아보게 어서 일어나."

생사화복이 주님의 손에 달렸다 하지 않는가. 하늘에 소망을 안고 새에게 업히어 훨훨 날아보리 하늘 높이, 높이 더 높~이.

보디가드

　나는 보디가드. 이수민 목사님을 보호하는 보호병이다. 항상 같이 동행하는 편이다. 브라질에 박 목사님께서 시무하는 새소망교회에 집회를 갔다. 교회가 크고 은혜롭고 힘이 있어 보였다. 성도님들도 은혜가 충만하다. 박 목사님 께서는 기도수양관도 크게 잘 지어 놓았다. 활동도 많이 하시고 일을 많이 하시는 목사님이다.
　지역마다 특산이 다 다르다. 커피의 특산지, 식당도 아주 유명하다. 소고기를 다리부분 가슴부분 각 부분별로 잘라 큰 덩어리 채 불에 구워서 끌고 다니며 손님이 원하는 부분을 잘라준다. 또 바다가재가 얼마나 큰지 반쪽만 먹어도 배가 찼다.
　우리 목사님은 두 쪽을 잡수신다. 식성이 좋은 편이다. 소의 종류는 한국소와 좀 다르게 생겼다. 등이 곱사등처럼 튀어 올라온 소. 보디가드의 생활을 하다 보니 안 가본데없고 각 나라의 특산의 맛도 본다.

　보디가드의 직업도 괜찮은 것 같다. 그것도 당신이 옆에 있을 때만 가능한 것을, 다시 새롭다.

사랑

옛 이야기. 내가 나보기에도 너무 냉냉하고 까칠한 성격이다. 얼굴이라도 예쁘면 매력적이겠지만 너무 멋대가리가 없는 성품이다. 우리 목사님은 살아생전에 그런 나를 칭하여 참나무 장작이라고 했다.

여자가 미가 없으면 애교라도 있어야지 미도 애교도 없으니 말 그대로 참나무 토막이다. 이다음에 며느리는 함경도 여자는 절대로 안 데려온다고 까지 했다. 목사님은 황해도, 강하면서도 부드럽고 호탕한 성품이었다.

처음 미국 이민 와서 다닌 베렌도 침례교회의 김동명 목사님과 안이숙 사모님께서 시무하시던 교회, 어느 권사님은 내가 제일 말 부치기가 힘이 들었던 사람이라고 했다.

나는 내 성격을 놓고 기도를 하기 시작했다. 사랑을 나타낼 수 있는 풍성함을 달라고, 풍기는 사랑 나타나는 사랑, 깊은 곳에서 솟아나는 사랑, 온유함의 사랑 교만하지 아니히는 사랑, 진리와 함께 기뻐 할 수 있는 사랑, 모든 것을 견디는 사랑, 빛을 발 할 수 있는 사

랑, 저 하늘 높이 쌓아도 채우지 못하는 하나님의 사랑을 달라고.
 어느 주일이었다. 교회 문을 들어섰는데 안이숙 사모님께서 달려와 나를 껴안으며
 "아이 예뻐. 꼭 천사같애. 얼굴이 빛나네."
사랑의 정이 오고 가는 흐름이다. 나의 모든 것을 내어 놓았을 때, 나의 마음이 완전히 비었을 때, 스스로 아무것도 할 수 없을 때, 주님은 넘쳐흐르는 사랑으로 부어주신다. 예수님의 향기가 풍기는 사랑은 상대방을 즐겁게 하는 묘약이다.

산보하던 길

짝을 잃은 지 벌써 일 년 반이 되었다. 오랜만에 아침마다 산보하던 코스를 혼자 걸었다. 별로 달라진 것은 발견하지 못했다. 같이 걸을 때 건축 되어가던 초등학교가 아름답게 완성이 되어 고사리 같은 손들을 잡고 많은 학부형들이 학교로 밀려갔다.

산보하는 코스에 맥도날드가 있다. 커피나 한잔 마시고 가자하던 맥도날드에 들어가 커피를 한잔 시켰다. 커피는 변하지 않았는데 커피 맛이 달라졌다. 설탕을 많이 넣어도 달지가 않다. 또 넣고 또 넣어도 달지 않고 쓰디쓰기만 하다. 단 맛을 찾을 수가 없었다.

내가 늙어서 맛을 잃었나 싶었다. 당신은 단맛을 내어 주는 요술쟁이였나 봅니다.

이제 천국에 가서야 그 커피 맛을 찾을라나. 음식은 여러 사람이 먹어야 맛이 있다더니 이제는 혼자 먹으며 단 맛을 내어 보려고 애를 쓰고 있다. 달게 아주 달게 잘 넘어가게 말이다.

이 글을 쓰는 동안 옆에 타 놓은 감잎차 한잔이 다 식어 버렸다.

차가워진 감잎차를 한 모금 입에 넣고 데워 보았다. 따뜻하게 아주 따뜻하게 말이다. 혼자사는 연습을 하고 있는 것이다.

수감소에 웃음꽃

"주여 주의 이름이 온 땅에 어찌 그리 아름다운 지요. 나를 보내사 마음이 상한 자를 고치며 포로 된 자에게 자유를. 갇힌 자 에게 놓임을 전파하며 여호와의 은혜의 해와 우리 하나님의 신원의 날을 전파하며 모든 슬픈 자를 위로하되..."

이 말씀이 이수민목사님의 마음속에 몰아쳤던 것이다. 96년부터 주의 사랑의 줄로 엮여진 랭케스터 수감소를 방문했다. 외지에 부흥집회를 나가지 않으면 매주 월요일 채플에 들어가 예배를 드렸다. 그들은 학의 목같이 우리가 오는 날을 기다렸다.

새 힘을 얻을 수 있는 새로운 삶의 소망을 이룰 수 있는 복음의 무기가 있기에 축복의 강물이 만물을 소생시키시듯, 아침 일찍 서둘러서 식구가 많은 B동 채플에서 예배를 드리고 차에 나가서 급히 도시락을 먹고 A동, D동으로 급히 달려갔다.

하루에 세 곳을 방문하는 것이 쉽지 않았다. 이렇게 하는 사이 정이 들어 식구들이 되었다. 현실이 주는 고난과 환경이 주는 시련에도

　오늘의 생활에 용기를 내고 자신을 잃어버리지 않기 위하여 하나님만을 생활 속에 담을 수 있도록, 성령님의 인도하심을 받을 수 있는 신앙의 힘으로 극복하라는 것이 모범수 귀에 못이 박혔을 것이다.
　한국 송환에 지름길이 되겠기에 해 아래에서 수고한 모든 수고에 대하여 참을 인자 셋을 기억하지 못하였으리라. 어느 한 곳에서도 그들의 모가 난 구석을 찾아볼 수 가 없다. 저들이 고향의 맛을 그리는 마음 너무 간절했기 때문에 연구 끝에 하나님의 지혜를 발견하였다.
　랭케스터 형무소 담당목사님은 흑인으로 풍채도 좋고 속은 백합이며 너무 선하고 마음이 좋은 목사님이다. 두 가정의 협조로 두 목사님의 노력은 성공이었다. 1998년 10월 24일 토요일, 드디어 캐더링이 형무소에 도착해서 각자 먹고 싶었던 음식들을 주문했다.

간수 직원 포함해서 19명이 한자리에 모여 마음껏 웃으며 마음껏 그리던 음식을 먹었다. 웃음의 꽃을 피우는 파였다. 참 즐거웠다. 주님께서 허락하시지 않으면 열 자가 없고 닫을 자가 없다 하신 능력의 주님을 바라보았기에 이 작은 결실이 있는 것이다.

세상에서 소외되어 바라볼 수 없는 미지를 기다리는 마음. 무엇으로 채워줄까, 오늘도 곤한 마음으로 돌아 섰다. 때로는 지칠 때도 때로는 허기 질 때도 있었지만 오늘도 걷는다. 오늘도 뛴다. 오늘도 날아본다. 창공을 향해. 10년이면 강산도 변한다 하지 않았던가. 드디어 강산은 변하였다. 한국 송환 문제가 공포되어 막이 열렸다.

스승의 힘

일제의 압제에서 해방이 되어 희망에 부픈지 몇 년이 못 되어 6.25라는 동족의 참변사의 태풍이 몰아쳤다. 악독한 사상주의의 무리에게 찢겨진 인생들이 그래도 살아보겠다고 1.4 후퇴라는 피난길에 나섰다. 보따리를 지고이고 아이들을 끌고 아우성을 치며 떠난 힘겨운 길이었다.

우리 가족들도 부랴부랴 달려가 화물을 나르는 기차에 억지로 몸을 실었다. 이리저리 고생 끝에 대구에 정착을 했다. 나는 당시 중학교 3학년 대구 중학교에서 윗학생들 즉 각 중학교에서 피난온 학생들을 모아 공부를 시켰다. 교실이 없어서 운동장에서 가마니를 깔고 가마니로 벽을 막아 교실로 삼고 머리에는 흰 모자로 천정을 삼고 공부를 하며 졸업을 하고 대구 사범 고등학교에 들어갔다.

아직도 잊어지지 않는 것은 충청도 분이신 김용기 교장선생님이 아침 조회시간이면 강단에서 잊지 않고 하시는 말씀이

"여자들은 남자들을 이리와 같이 생각해야 되야. 남자들은 여자

들을 여우같이 생각해야 해."

　난리 속에 찢겨진 상처들. 피난생활에 지쳐 미간에 내 천자 들이 몇 개씩 붙이고 다니던 세월이었다. 어린 내 미간에도 내 천자가 몇 개 있었나보다.

　하루는 담임선생님이신 천시권 선생님께서 선생님 댁으로 오라 하시기에 들렸다.

　선생님이 학생시절 철학 선생님과 마주앉자 화로에 불이 꺼질 때까지 이야기를 나누셨다는 이야기를 들려주었다. 실망과 좌절이 올 때 던져주시는 따사로운 사랑의 한마디, 오뚝이의 힘, 솟아나는 힘, 넘어지지 않는 힘, 일어서는 힘 홀로서는 힘. "받침대가 받쳐주는 나무는 구부러지지 않는다"는 말은 요즘 시대에도 힘이 되는 말이다.

　물에 빠진 자에게 던져주는 지푸라기가 도움이 아니라 구하여 줄 도움 자가 있기에 힘이 솟아나는 것이다.

싼타모니카 비치

계절도 때를 따라 변하고 인생들도 때를 따라 변한다. 마음도 흐름에 따라 변하고 파도도 흐름에 따라 변한다. 바닷가 백사장을 걷기는 아직도 따뜻한 날씨다. 손녀 사라 생일이 11월 4일이다. 사라 친구와 그 가족이 싼타모니카 바다에 가면서 생일이라서 저녁을 사주겠다고 한다며 사라를 데리고 갔다.

사라로 부터 전화가 왔다

"할머니, 할머니, 나 지금 바다 물가를 걷는데 참 좋아. 아주 재미있어. 그런데 여기오니까 할아버지랑 같이 걷던 생각이 나" 하면서 목이 메인소리다. 데이빗 오빠하고 존 하고 여기 또 오자한다. 가슴이 뭉클하면서 눈시울이 무거워진다.

여름방학에 아이들이 동부에서 오면 자주 바다에 갔었다. 아이들은 모래를 깊이 파고 집도 짓고 우물을 만들어 물속에 오물오물 기어 다니는 작은 물게 들을 잡아서 파놓은 모래우물에 집어넣기 바뺐다. 이따금 성난 파도가 사정없이 몰려와서 지은 집을 다 헐어버리면 허허 웃으며 또 만들자 하면서 건축을 다시 시작하곤 했다. 굽이굽이 여울져 오는 파도의 모습도 아름다우려니와 아이들의 노는 모습들은 더할 나위 없이 아름답다. 험한 파도가 몰려와서 지어놓은 집을 헐어버리면 다시 세우고 다시 세우고 우리의 심령이 무너질 때, 우리의 육신이 무너질 때 우리의 터전을 쓸어갈 때, 우리는 새 힘을 얻어 일어서고 또 일어서고 또 일어서리. 꾸김없는 저 동심들의 끈기와 인내와 같이 일어서리. 일어서리라.

무엇을 향해 저 망망한 바다의 파도와도 같이 끊임없이 돛대도 없고 삿대도 없지만 분투 하리. 또 계속할 것이다. 먼 지평선을 바라보면서 밀려오는 파도를 바라보면서 발등에 넘어드는 물가, 모래를 걸으면 마음이 확 트인다. 그렇게 상쾌할 수가 없다 이순간은 너무나 행복한 시간이다.

지평선을 따라 한없이 걸어갔다. 잠시 후 그만 가자며 아이들이 달려왔다. 다시 걷는다. 줄을 지어서 행진이라도 하는 듯, 재미있게 노는데 갑자기 물속에 무는 벌레가 제일 작은 놈 에쉬리의 발을 쏘았다 엉엉 울고 난리다. 바닷가 가드가 초가 담긴 물을 한 양동이 가져왔다. 조금 담구고 있으면 괜찮아진다는 것이다.

가끔 있는 일 이라고 했다. 안심하였다. 조금 있으니까 아픈 기가 없어졌다. 한참 소동이 났다. 다시 또 파도를 따라 들어갔다. 이리 휩쓸리고 저리 휩쓸리면서, 바다가 떠나갈 듯, 크게 웃어가면서 마음껏 마음을 폈다.

"야! 야!" 하며 파도소리보다 더 큰 소리로 그래도 제일 먼저 후

퇴하는 사람은 우리였다. 힘이 달리는 가 보다. 즐거웠던 세월도 흐름에 따라 살같이 빠르게 지나감이라. 먼동이 트면 석양이 기다리고 있는 것이 아니겠는가.

얼기설기 엮은 새끼줄

글이란 마음을 담아 놓는 것이 아닌가 싶다. 글을 써 본 일도 없고 미국 생활에 너무 바쁘다보니 책 한권을 못 읽었다. 푼수도 한계를 넘어 주책이다. 마음에 있는 그대로를 표현하면 글이 되는 줄 알고 마음을 담아놓은 글귀 몇 편을 가지고 어느 시인을 찾았다. 이것이 무슨 책이 될 수 있겠냐고.

"미숙함이 완벽함보다 아름다움의 미가 될 수도 있다"는 말에 나는 힘과 용기를 얻었다. 완벽한 곳에는 들어갈 틈이 없다. 볼품없고 엉성한 데 틈이 있지 않은가.

부담 없이 흘겨볼 수 있는 글. 촘촘히 완벽하게 짜인 새끼줄은 풀기도 부담이 된다. 얼기설기 엉성하게 짜놓은 새끼줄은 풀기도 쉬울 듯 얼기설기 쉽게 글을 엮어보자. 소망이라는 집을 짓기 위해. 얼기설기 새끼를 꼬듯 글을 엮어보자. 아주 엉성하게. 완성 아닌 미완

성으로 엉성하게 얼기설기 꼬아가자. 아주 엉성하게 아주, 아주 얼기설기 하게.

옥합을 찾자

 우주 안에는 허다한 물체들이 잠재하고 있는 것이다. 하나하나 발견됨에 따라 과학은 향상일로 저기 저 달 속에 계수나무 한 나무 토끼 한 마리 이것을 찾아가고 있는 시대 안에 살고 있는 우리들. 한 여인은 자신의 두개의 옥합을 찾았다.
 그의 귀중한 머리털의 옥합은 죄의 자백의 청산의 결산을 보여주는 주의 발을 씻었고 그의 값진 향유의 옥합은 자아가 깨어지고 영이 깨어지는 구원의 역사가 일어났던 것이다. 이 옥합의 주인공들은 성경의 한 모퉁이를 받치고 있다.
 깨어진 이 옥합의 향들은 지금도 온 세상에 진동하고 있는 것이다. 나의 옥합은 어디 있는 가? 찾고 또 찾아야 할 것이다. 주님께서 주신 성경구절이 생각났다.
 "너희는 먼저 그의 나라와 그이 의를 구하라. 그리하면 이 모든 것을 너희에게 더 하시리라."
 전심으로 힘을 다해 하나님을 찾았다. 전심으로 기도를 했다. 전

심으로 전도를 했다. 전심으로 봉사를 했다. 과부의 두 렙돈을 궤에 넣었다. 이것이 고작 나의 옥합의 전부였다.

　은혜로우시고 자비로우심이 풍성하신 하나님은 이 작은 옥합도 외면하지 아니하시고 남편 아들 사위 딸 모두 주의 사역의 반열에 서게 했다. 모두 주의 앞에 봉사자들이다. 나의 옥합이 발견될 때, 나의 옥합이 깨어질 때, 향은 진동하리. 멀리 멀리.

용문산 기도원

　용문산 기도원 집회에서 목사님은 성령에 사로잡혀 정신없이 찬송을 부르고 설교를 마친 후 안수에 들어갔다. 한여름이라 땀이 비 오듯 했다. 천국이 따로 없는 것 같다. 은혜가 비 오듯 쏟아지는 집회장소가 바로 천국이다.
　목마른 사슴이 시냇물을 만난 듯 갈급했던 심령들이 마냥 기쁨에 넘쳤다. 성령의 열기에서 정신없이 뛰는 목사님을 바라보며 웃음이 터져 나왔다. 뒹굴던 그 모습이 생각났기 때문이다. 세 시간 전 만해도 산꼭대기에서 떨어져 뒹굴던 사람이 아니던가.
　집회시간 만은 변화의 사람 같다. 나운몽 목사님과 사명자들이 올라가서 기도한다는 용문산 제일 꼭대기 용문봉에 억지로 올라갔다. 온 천하가 한눈에 보였다. 있는 힘을 다해 부르짖어 기도했다. 마치 천하가 떠나갈 듯 가슴이 확 트였다. 새 힘이 솟구치는 것 같았다. 하늘을 나는 기분이었다.

　내려오던 중턱에서 미끄러지면서 뒹굴던 사람. 육은 육, 인간의 힘만으로는 어찌 할 수 없는 몸. 성령의 권능의 능력에 사로잡히니 펄펄 나는 힘이 쏟아져 나오는 것 같았다. 하나님으로 부터 흐르는 물결을 타고 훨훨 나는 것 같다.
　산은 오를 때 보다 내려올 때가 더 힘들었다. 내려가는 삶, 뒹구는 삶, 억매이기 쉬운 삶, 천지를 지으신 여호와를 바라며 새 힘을 얻는 길 밖에는 없는 듯 싶다. 독수리의 날개 치며 오름같이.

이런 사람도 있다

세상엔 이런 사람도 있다. 하나님의 사랑의 띠로 엮어진 사람, 그는 꿋꿋이 홀로 서 있는 한 송이 백합화, 향을 발하는 외로운 한 송이 꽃, 부드럽고 티 없는 꽃 같은 마음.

6.25란 엄청난 회오리바람이 휩쓸어간 가정에서 4남 3녀 7남매의 다복한 형제로 큰 오빠는 병기사관학교를 갓 졸업한 육군소위였으며 불같이 일어난 남침에 손을 써 보지도 못한 채 전사.

작은 오빠는 법대생이었지만 집에 숨어 있는 것을 끌어다 총 부리를 겨눈다. 아우성을 치며 달라붙는 식구들을 방에 가두어놓고 휘발유병을 찾는다. 아버지는 쓰러지시고 어머니는 졸도, 7남매 중 4번째로 태어난 그녀는 그 어린나이에 흐느껴 우시는 어머님을 부둥켜안고

"엄마, 엄마 내가 동생들을 다 키울 테니 엄마 울지마, 울지마" 하며
눈물로 약속한 그 약속은 전 생애를 고독으로 50년이 지나도록 흐트러지지 않고 있다.

동생들은 모두 최고학부까지 마쳤다. 그의 따사롭고 부드러운 손길은 지금도 부족한 모퉁이를 메워주고 있는 것이다. 그의 손에는 아무것도 남은 것이 없다.

그를 감싸 막아 줄 바람막이 울타리도 없다. 그를 보호해 줄 보호병도 없다. 의지의 막대기라도 있었으면 그의 양 볼이 젖을까 두렵다.

외로워지지 않았으면, 쓸쓸해지지 않았으면, 꿋꿋했으면 주님, 부르시는 그 날까지

어려운 세월을 지내온 우리에겐 구구절절한 사연들이 너무 많지만, 수많은 사람들이 다 겪고 보고 당하고 체험 하였기에 모든 장을 덮어두려한다.

이발사

　집회를 많이 다니다 보니 우리 목사님은 이발할 기회를 놓친다. 그러기 때문에 목사님의 전용 이발사가 이발을 한다. 시간도 없지만 한국의 이발소에는 서비스가 너무 많다.
　집회에 나가서 마음이 흐트러질까, 집회를 나갈 때는 특히 신경을 많이 쓴다. 정신집중이 중요하기에, 성령의 역사가 강하면 마귀의 역사도 강하기에, 호텔에 들면 목사님은 이층침대 나는 일층을 사용하였다.
　집회가 끝나면 와이셔츠 속옷이 전부 젖는다. 하루에 세 번 집회를 하시니 세 번 옷을 다 벗어야 한다. 샤워장에서 빨아서 옷걸이에 걸어 말린다. 나는 아주 직업이 다양한 사람이다.
　보디가드 이발사, 도우미 아줌마, 단에서 열정을 쏟아 집회를 하는 사람도 힘이 들지만 나도 십분의 일 정도는 힘이 든다. 세상에 쉬운 일들이 어디 있으랴. 하나도 없는 것이다. 아주 없다. 그래서 그

렇게 하나님에게 사로잡혀 일 할 때가 가장 행복한 것이다. 나날이 멍청해져가는 나를 거울에 비춰면서.

제3부
여보

전도여행 수기
주의 지으심
참 모습
참 중생이란
첫 선교 떠다던 날
추수의 계절
하나님의 운기가 도는 일본
하얀 드레스
화와이
한얼산 기도원 집회
한얼산 기도원과 묘한 인연
홀로 선 지팡이
설날
더불어 사는 사람
여보

전도여행 수기

 성령의 인도하심에 따라 믿고 행할 때 역사 안에서 붙들어주시는 여호와 하나님을 의지하여 우리 선교단은 82년 6월 9일 아침 9시에 첫 목적지인 피닉스를 향했다. 주의 군병들이 성령 충만, 능력 충만, 말씀 충만한 가운데 출발했다

 "주여 함께 하옵소서."

 세 가지 목적을 가지고 떠난 나는 신학교 강의 시간에 "선교자는 자기의 목숨을 바치는 것이다"라는 모 교수님의 강의를 생각해 보았다. 사실 선교란 각 교회마다 다니면서 설교나 몇 마디하고 찬송이나 몇 곡 부르고 가는 것, 이것이 선교인가? 그것은 자기를 자랑하고 다니는 하나의 여행자가 아닐까.

 나는 마음속에 무거운 아쉬움을 느꼈다. 그러면서 '참 선교란 무엇인가?'를 다시 생각하게 되었다.

 첫째, 선교의 목적은 한 생명, 한 생명을 구원 시키는데 있다.

 둘째, 각 가정 마다 다니면서 온전한 주님의 말씀을 증거하는 것

이다.

셋째, 믿지 않는 자(가정)를 심방하면서 예수그리스도와 십자가의 도를 가르치고 믿게 하는 것이다.

우리 선교단은 하나님께서 함께 하사 쉴 틈 없이 짜여진 스케줄이기에 어깨가 무거웠다. 나를 포함한 8명의 사명자들을 인솔한 나는 주님한테 항상 "지혜와 명철을 주시 옵소서" 하고 기도하는 가운데 나는 책임을 완수해야 했다.

만일 인솔자인 내가 연약함을 나타내면 대원들이 나태해지고 용기를 잃기 때문에 나는 보다 더 많은 기도가 필요했고 보다 더 많은 피땀의 기도를 쉬지 않았던 것이다.

이와 같이 진액을 빼는 진심의 기도는 내 일생에 처음 이었다. 사명자 한 사람 한 사람 단에 세울 때마다 나는 쉬지 않고 기도했다.

"주여 함께 하옵소서."

그럴 때 마다 곳곳에서 역사하시는 주님의 능력을 누가 헤아리며 부인하리요. 가는 곳 마다 누구에게든지 하나님의 말씀이 주의 종의 입을 통하여 선포될 때 마다 통곡하며 회개하는 울음소리, 안수를 할 때 많은 사람들이 방언이 터지며 병든 자가 고침을 받는 역사, 성령을 받고 껑충껑충 뛰는 모습, 참 우리 주님은 멋있고 통쾌한 분이다.

담임목사님이 좋아하던 싫어하던 성령의 역사는 아무도 막을 자가 없었다.

"하나님 홀로 영광 받으시옵소서."

너무 통쾌한 하나님의 역사를 눈으로 확인하면서 나도 모르게 너털웃음이 나왔다. 그러나 예배시간 한 시간 전부터 우리 일행은 모여 30분 내지 1시간을 합심하여 불꽃 튀는 기도로 준비했다. 하나님의 일에는 반드시 하나님의 방법으로 어떤 결과가 나타난다.

주의 지으심

여호와여!
주의 지으심이 어찌 그리도 아름다운 지요.
하늘의 티 없는 얼굴도 아름다우려니와
땅 위에 성장하고 있는 나무 한 그루 풀 한 포기
어찌 그리 오묘한지요.
어느 나뭇가지 하나
삐죽삐죽 제 멋대로 흩어져 자란 것 이 없지요.
자연 속에 지여짐을 자랑하듯
몽실몽실 다정하게 얽혀져 자라고 있네요.
풀 한 포기 흉하게 보이는 것 없이
존재의 꽃을 피우고 향을 발 하는군요.
말로 형용할 수 없이 아름답네요.
어찌 이다지도 아름답게 지으셨나요.
숲 속이나 험한 산골짝에서 지저귀는 각양의 새 소리들

고요하게 졸졸 흐르는 시냇물 소리는
주님의 솜씨를 노래하는 듯
그랜드캐넌의 돌산은 참으로 장관을 이루셨더군요.
어찌 그 돌들의 놓임마저 그리 묘한지요.
엄청난 그 돌산들의 묘기를 깎아 세운 조각품들은
우리 주님 손수 깎으시었나요.
어느 인류 기술자가 그런 조각품을 만들 수 있을까요.
이러한 지으심의 섭리를 보면서도 깨닫지 못하는

우리 인생들이 너무나도 미웁지요.
그 놀라운 솜씨의 지으심을 받는 우리 창조물들이
창조주의 주님을 모르고 있지요.
보기는 보아도 듣기는 들어도 아마도 목석인가 봐요.
어찌 그리 둔하지요.
어찌 그리 단단하지요.
어찌 그리 바위같이 굳어 있는지요.
차라리 식물이라면 산들바람에
남실남실 거리며 아름다움의 각색 꽃을 피우며
미의 향기를 발하련만
미도 향도 묘도 풍채도 없는 마치
논가에 세워진 허수아비 같군요.

참 모습

따사로움에 베푸는 자비함
외로움에 채워줄 줄 아는 힘
목마름에 적셔 주는 물
공허한 빈 공간을 채우는 정

오래전 만남같이 다정함
마른땅에 단비같이
풍요로움에 흥겨움같이
따사로운 주님의 손길같이

베풀 줄 아는 아량
나누어 줄줄 아는 인정
베풀어주는 풍요로움
영영 떠나지 않았으면

참 중생이란

　수많은 세대 안에 우리의 삶들은 공존하고 있는 것이다. 세대의 수레바퀴 속에 노아홍수를 가져왔고 소돔, 고모라의 유황과 불의 멸망이 왔으며 수많은 재앙과 난리 속에 한줄기의 빛을 받으며 살아오는 우리의 인생들이 아닌가?

　만물이 주어짐에도 창조주를 몰랐음이리라. 우리의 형상으로 오신 예수 그리스도로 말미암아 창조주를 알았고 처음과 나중을 알았으며 부활을 배우지 않았는가? 갈보리 산상의 십자가의 수난의 고통으로 우리는 영생의 길이 준비되지 않았는가? 어찌 그 고통의 멍에 없이 영생의 길에 들어갈 수 있으랴.

　어찌 중생되지 않은 우리의 몸이 영생하랴. 우리의 생존의 다스림은 층계를 오르듯 수많은 인재들을 하나하나 밟고 올라서야 하지 않는가.

　이렇듯 강퍅했던 심령들이 주를 영접하여 구주를 알 때, 섬김을 알았고, 받음을 배웠고 낮아짐을 알았으리라. 높이를 향하던 눈이

아래를 향하니 이것이 백 팔십 도의 전환이요, 이것이야말로 참 중생이요 참 변화가 아닌가? 천당과 지옥의 차이같이 중생과 불신의 차이도 극과 극이 아닌가?

오늘의 중생한 생활은 과연 극을 향하고 있음인가. 이렇듯 불붙던 변화의 생활은 항상 일로 계승되고 있는 것임일까? 우리의 겉 사람은 변화의 생활을 하되 우리의 속사람은 아직도 잠재 중에 거하고 있는 것이 아닌가?

그러함에도 우리의 옛 생활이 불쑥불쑥 머리를 치솟음은 어떤 이유에서 인가? 사도바울이 기록한 말씀 중에

"내 속사람으로 하나님의 법을 즐거워하되 내 지체 속에서 한 다른 법이 내 마음의 법과 싸워 내 지체 속에 있는 죄의 법 아래로 나를 사로잡아 오는 것을 보는 도다"

하심과 같지 않은가?

오직 그리스도 예수 안에 있는 생명의 성령의 법아래 사로잡혀 하나의 형체가 완전히 죽어갈 때 이것이야 말로 참 중생이 아닌가? 참 중생하기까지 참 변화하기까지 피 땀 흘려 사랑의 십자가를 붙들고 주 앞에 설 때까지 분투해야 할 것이다.

첫 선교 떠나던 날

　사명자들과 함께 처음 선교를 떠나던 날, 주고 싶었던 성경구절들을 생각해 보았다.
　"너희로 가서 모든 족속으로 제자를 삼아 아버지와 아들과 성령의 이름으로 세례를 주고 내가 너희에게 분부한 모든 것을 가르치게 하라."
　그리스도 예수 안에 있는 은혜 속에서 강하고 담대하며 그리스도 예수 안에 있는 믿음으로 말미암아 구원에 이르는 지혜가 있길 바라며 때를 얻던지 못 얻던지 천국복음을 전파하며 주의 군사로 다니는 자는 자기생활에 매이는 자가 하나도 없나니 경기하는 자가 그 법대로 경기를 하지 아니하면 면류관을 얻지 못함이니 의와 믿음과 사랑과 화평을 쫓아 하나님께 사로잡힌바 되어 그 뜻을 쫓을 것이라.
　진리의 말씀을 옳게 분별하며 부끄러울 것이 없는 일꾼으로 인정

된 자로 자신을 하나님 앞에 드리기를 힘쓰며 하나님의 성령을 힘입어 더러운 귀신을 쫓아내며 모든 병과 모든 약한 것을 고치며 죽은자를 살리며 문둥병을 고치며.

　거저 받았으니 거저 줄 것이요. 주의 일에 대가를 바라지 말며 여행을 위하여 주머니나 두벌 옷이나 신이나 지팡이를 가지지 말라 이는 일꾼이 저 먹을 것을 받는 것이 마땅함이니라.

　부지런히 일을 하는 자는 먹을 것이요. 일하지 않는 자는 주릴 것이라. 주의 원함은 굶는 자가 아니라 먹는 자이리라. 모세 율법에 곡식을 밟아 떠는 소에게 망을 씌우지 말라 기록했으니 하나님께서 어찌 소들을 위하여 염려하심이랴. 소들도 배를 불려 일을 시키시거든 하물며 어찌 농부가 일꾼들을 굶기랴.

주의 군사로 뽑힌 자는 뒤를 바라보지 않으며 가사에 얽매이지 아니하는 자이며 하나님께서 각 사람에게 나누어 주신 믿음의 분량대로 지혜롭게 할 것이라. 우리에게 주신 은혜대로 받은 은사가 각각 다르니 예언, 섬기는 일, 가르치는 일, 권유하는 일, 구제하는 일, 다스림, 긍휼, 부지런하여 게으르지 말고 열심을 품고 주를 섬기며 소망 중에 즐거워하며 환란 중에 참으며 기도에 힘쓰며 빛의 갑옷을 입도록 비가 오는 것과 바람 부는 것을 겁내지 말고 주의 진리 모르는 백성들에게 어둠을 물리치고 복음의 빛을 비춰라. 복음의 사자들이요."

추수의 계절

오곡백화가 무르익는 추수의 계절
굴곡이 많은 세파의 삶 속에 우리의 영과 육이
곤함으로 쌓여 있습니다.
소망의 닻줄을 향해 마음과 정성을 모아
주의 십자가 밑에 나왔습니다.
질고의 삶 역경의 삶 곤고의 삶 이 모든 흉악의 결박을
고난의 주님의 보혈로 깨끗이 씻어 주시옵소서.
악한 날에 기근에 휩싸이지 않도록 마음을 다하여
기도할 수 있는 능력을 주시옵소서.
깨어 있어 기도 할 수 있는 권능을 주시옵소서.
내일을 기약 할 수 없는 세대입니다.
사시사철 푸른 물가에 심기 운 나무처럼
우리의 영은 새 힘을 얻어 날로, 날로 새로워지게 하옵소서.
저 하늘 높이 쌓아도 채우지 못하는 하나님의

크신 사랑을 받아야 할 때입니다.
주님의 손에 잡힌바 되어야 하겠습니다.
슬기로운 다섯 처녀의 기름 준비가 되어야 할 때입니다.
생명 되신 진리의 말씀이
우리의 마음속에 생명의 양식이 되어서
주의 빛을 발 할 수 있게 하여 주시옵소서.
영광의 빛이 나타나게 하여 주시옵소서.
주의 향이 가득하게 채워 주시옵소서.
이제 한 해를 마지막 장식하는
추수의 감사의 계절입니다.
우리의 믿음의 결실이 얼마나 되어 있습니까?

우리의 기도의 결실이 얼마나 되어 있습니까?
우리의 봉사의 결실이 얼마나 되어 있습니까?
우리의 물질의 결실이 얼마나 되어 있습니까?
우리의 감사의 결실이 얼마나 되어 있습니까?
이 모두가 주님 보시기에 부끄러운 결실들이 아닌지요.
부끄럽지 않은 수확의 결실이 될 수 있도록
능력을 허락하여 주시옵소서. 그리하여
주님 보시기에 참 되고 진실 되고 아름다운 자녀들이 될 수 있도록
축복위에 축복을 더 하여 주시옵소서.
주여 불쌍히 여겨 주시옵소서 도와 주시옵소서.
축복하여 주시옵소서.

하나님의 운기가 도는 일본

 능치 못하심이 없으신 주님의 권능은 오늘도 역사 하신다. 악과 독이 가득 하였던 일본, 한국과 중국을 얼마나 잔인하게 잔멸 하였던가. 독립투사들을 학살하고 신사참배의 불참을 학살하고 나라를 빼앗기 위해 학살, 이렇게 잔인하고 미신이 왕성한 나라에도 우리 주님은 여지없이 찾아오신다.
 이런 곳에도 주의 복음이 들어가니 참 놀랍다. 우리 목사님이 일본 몇 교회에 집회를 가셨다. 교회마다 열기가 뜨겁고 은혜가 충만한 교회들이다. 대한의 역사를 짓밟고 인명을 짓밟아간 그 땅에 "일흔 번 씩 일곱 번 이라도 용서 하라"시는 주님의 말씀 안에 총칼이 아니라 주의 말씀의 날선 검을 가지고 주님의 뜻을 따라 그들은 가서 외치고 있는 것이다.
 한국의 주의 종들이 그것도 당당하게 주의 복음을 전파하는 것이 아닌가. 니느웨성을 피하여 다시스로 도망한 요나를 이해함이 "풍족하게 사는 것 보다 죽는 것 이 내게 나음이라" 한 요나, 어찌 다를

바가 있으랴. 그래도 회개하고 돌아오기를 기다리고 아끼시는 주 님이시니 하나님의 역사하심을 어찌 헤아려 알 수 있으랴.

하얀드레스

 부활주일이다. 부활주일에는 흰옷을 많이 입는다. 지난 부활절 우리 목사님이 나에게 하얀 드레스를 입으라고 성화를 하신다. 언제 입을 것이냐고 아마 떠날 기약이 차서 아내의 단장함을 보고 싶었나보다.

 한국에 집회 나갔을 때 이수정 목사님께서 하얀 드레스를 맞춰주셨다. 그리고 문은경 목사님 교회에서 사주신 다이아반지가 있다. 목사님의 권고에 드레스와 반지를 준비해서 교회에 갔다.

 그러나 아무리 생각을 해 봐도 너무 야한 것 같아 입지 못했다. 다음 행사에는 꼭 입자고 목사님과 약속을 했다. 그 약속을 지키지도 못 한 채, 아름답게 단장한 그 모습을 보아주지도 못 한 채, 너무 아쉽구려.

 당신이 떠난 부활절 아침 그렇게 원하시던 하얀 드레스를 입고 다이야 반지를 끼고 당신의 영정사진 앞에서 한참 쇼를 했어요. 보아 줄 사람도 없으니 이제 벗고 교회에 가야할 것 같아요.
참, 뒤에 지퍼를 내려 줄 사람이 없네요.

하와이

하와이에 부부 목사님이 시무하시는 교회에 집회를 갔다. 아주 뜨겁고 열정적인 교회였다. 사랑이 많고 성령의 역사가 강한 교회다. 주님의 인도하심에 따라 성황리에 집회를 마치고 우리 목사님과 나는 전에 이승만 박사님께서 다니시던 교회를 방문했다.

교회를 들어서는 순간 가슴이 뭉클, 힘겹게 살아온 그의 생애가 눈으로 보이는 듯 했다. 희생이 없이는 상대방을 기쁘게 할 수가 없고 피나는 노력의 희생이 없이는 나라를 평탄하게 할 수가 없는 것이다. 파괴위에 건물이 서 듯, 모든 원리위에는 희생의 뒷받침이 따라야 하는 것이다. 굳건한 나라를 세워보겠다는 열심의 열정도 한계를 넘지 못했나 보다.

참으로 나라를 사랑하고 백성을 사랑하는 마음이라면, 어찌 그를 망명의 길 까지 이르게 한 것인가? 진정 자아를 버리고 나라와 민족을 위한 통치자가 어디 있는 가? 이름 없이 애국의 얼을 가진 자들은 있어도 이름위에 애국의 얼은 보기 힘든 것 같다.

　옛날 학생시절 구관이 명관이라는 슬로건을 내걸고 이승만 박사를 대통령으로 보내자는 선거운동을 하던 생각이 났다. 모윤숙(시인)씨를 단장으로 정치학도들이 정치 전략도 잘 모르는 채 젊음의 용맹에서 뛰던 일들이 머리를 스쳐갔다. 당시 여 국회의원 중앙대 학장 임명신씨와 박순천 여사였다. 큰 포부를 안고 방청권을 얻어 국회의사당에 들어갔지만 실망하고 나오던 일.

　동작동 국군묘지가 개설되었을 때 모윤숙씨를 비롯하여 학생들이 가서 꽃나무를 심어놓던 일. 지워지지 않는 동작동 국군묘지. 수많은 젊음의 얼들이 묻힌 곳. 조국을 위해 외지에서 젊음을 바쳐 투쟁했던 이승만 박사님은 드디어 조국의 대지 안에 안장 되었다.

한얼산 기도원 집회

 불같이 일어났던 남편의 한얼산 집회. 무더운 한 여름 방학 시즌, 물밀듯 집회에 사람들이 몰려왔다. 은혜 사모하기에 며칠 씩 숙식을 하며 새 힘을 얻었다. 세대의 흐름의 변천은 물결을 타고 살같이 지금은 방학이나 휴일이 돌아오면 여행이나 관광가기에 바쁘다.

 너무 살기 좋고 호화로운 시대 고도의 발달의 변천의 시대이다. 이 삼 십년 전에는 방학이나 휴일이 되면 기도원이나 부흥집회 장소를 찾기에 바빴다. 여호와의 능력은 완전하여 영혼을 소생하게 하는 힘이 있기에 약 20 여 년 전 수천 명의 성도들이 집회에 모였다.

 집회의 열기는 너무 놀라웠다. 병이 낫는 사람, 뒹구는 사람, 쓰러지는 사람, 한 사람, 한사람 머리에 손이 닿을 때 마다 목사님의 손에서 불이 퍽퍽 나갔다. 손이 닿는 사람마다 '따따따' 하며 방언이 터지고 쓰러지고 난리였다. 목사님의 손에서 불이 나가는 것을 보고 많은 사람들이

 "저 불 봐. 저 불 봐."

　워낙 사람들이 너무 많아서 안수 받지 못한 사람들은 목사님 바짓가랑이를 막 잡아당기며 안수를 받았다. 아이들에게 안수하니 아이들도 막 방언이 튀어 나왔다. 저 순간만은 주님이 함께 하심이 확실하게 보였다.
　목사님의 얼굴에는 땀이 비 오듯 쏟아졌다. 권사님들이 수건을 들고 부채들을 들고 뒤를 따랐다. 부채의 바람에 힘이 얼마나 도움이 되었는지는 몰라도 여전히 넥타이에서 물이 뚝뚝 떨어졌다. 어디서 저렇게 강한 힘이 쏟아져 나올까? 집회시간 만은 사람의 힘이 아닌 것 같다.
　완전히 성령에 사로 잡혔다. 그의 능력과 권능이 주님의 것으로부터 흐름 일까? 전심으로 여호와를 찾았음 이러라. 주 안에서 그의 힘의 능력으로 역사함 이러라. 천지를 지으신 여호와의 능력의 힘이 머리에 돈독해 진다. 능력 주시는 그리스도 예수 안에서 모든 일을 할 수 있음이 아닌가.

주의 밝은 빛에 항상 거하게 하여 주심을 감사함이다. 구원의 투구와 성령의 검 곧 하나님의 말씀은 참 놀라움이라. 이 땅 위에 이루어질 주님의 지상 명령인 복음의 전파가 믿는 자들에게 나타나는 이 표적이 주님을 증거 함이라.

한얼산 기도원의 묘한 인연

"구하라 주실 것이요 찾으라 얻을 것이요 두드리라 열릴 것이라" 하신 생명이 되시는 말씀을 부여 안고 구하고 찾고 열려고 그 길을 떠났다. 오순절의 불의 혀 같은 역사하심을 바라보며 73년도에 미국에 왔다. 신앙적으로 너무 컬컬하고 숨이 막히는 것 같았다. 다시 힘을 얻자, 용기를 얻어 미국 온지 3년 후 76년도에 은혜 사모하는 마음이 솟구쳐 한국으로 향했다.

한얼산기도원을 찾았다. 청평까지 버스를 타고 갔다. 기도원 입구에서 내렸다. 그 당시는 기도원까지 버스가 다니지 못할 때였다. 기도원까지는 너무 먼 거리였다. 벌써 어두컴컴, 사람이 잘 안보일 정도였다. 지게에 나무를 지고 오는 아저씨를 만났다. 아저씨가 어디 가느냐고 묻기에 기도원 간다 했더니 깜짝 놀라며 기도원이 너무 멀고 이 밤에 여자 혼자 절대 못 간다고 동네에서 자고 아침에 가라는 것이다.

조금 더 가니 아주머니가 머리에 무엇을 이고 오는 것이 보였다.

역시 아저씨와 똑 같이 만류 한다.

"여호와는 나의목자 이시니 내가 부족함이 없으리라. 내가 사망의 음침한 골짜기로 다닐지라도 해를 두려워하지 않을 것은 주께서 나와 함께 하심이라. 주의 지팡이와 막대기가 나를 안위하심"을 믿으며 위태할 때도 보혈로 구해주시는 주님을 바라보면서 죽어도 주를 위해 살아도 주를 위해 걸었다.

벌써 캄캄해 졌다. 골짝을 지날 때 마다 쌩쌩 찬바람이 몰아쳤다. 먼데서 반딧불인지 도깨비불인지 반짝반짝 섬광이 보였다. 그렇지만 깊은 산속 길인데도 무섭지는 않았다. 단지 몸이 좀 오싹오싹한 느낌을 받았다.

한얼산으로 가는 길엔 시멘트를 깔기 위해 돌을 깨트려 깔아 놓았다. 구두를 신고 도저히 걸을 수가 없었다. 얼마쯤 가는데 불이 보였다. 집인 것 같다. 무조건 찾아올라 갔다. 모두들 잠자리에 누워있었다.

염치불구하고 아줌마 고무신을 좀 빌려달라고 했다. 기도원 간다 했더니 아저씨가 깜짝 놀라며 벌떡 일어나 혼자 못 간다면서 데려다 준다는 것이다. 아줌마 고무신을 빌려 신고 신이 너무 커서 질질 끌고 억지로 따라 기도원에 도착했다.

아저씨가 절대 밤에 혼자 오면 안 된다면서 내가 혼자 걸어온 찬바람 골짜기에서 살쾡이가 가끔 나온다고 했다. 너무 고마웠다. 잘 기억은 나지 않지만 약간의 수고비를 드렸다.

처녀 두 사람이 있는 방에 같이 투숙을 했다. 집회시간에 이천석 목사님께서 자갈 깔아놓은 길에 시멘트를 깔아야한다고 시멘트 헌금을 했다. 며칠 밥 사먹을 돈을 빼고 가지고 간 돈을 모두 헌금을 했다. 시멘트 수십 포 가 되는 액수였다

수많은 사람들이 이용할 기도원 길을 만드는데 보탬이 될 수 있었다는 것이 얼마나 기뻤는지 모른다. 어제 밤 죽기 살기로 억지로 걸어온 길이 아닌 가. 두 번 다시없는 기회였기 때문이었다.

이 길이 수많은 영혼들을 구원시키는 길이 되기를 간절히 기도했다. 선한 양심이 하나님을 향하여 찾아가는 길이 되어달라고 말이다. 어떻게 미국에서 한국에 발이 닿았을까. 아주 묘한 인연이 아닌 가.

76년 4월 23일 금요일 드디어 바라던 은사를 받았다. 영서까지, 불같이 일어나는 성령을 체험하니 나를 듯 기뻤다. 그리스도 예수 안 에 있는 생명의 성령의 법이 죄와 사망의 법에서 해방시켜 주신 기쁨이었다. 참 빛이 마음 가운데 비춰니 평안의 물결이 넘쳐흐르는 것 같았다.

참 묘한 인연이 아닐 수 없다. 몇 년이 흘러 나의 남편이 능력의 부흥사가 되어 이 길을 걸어 집회를 하러 다닐 줄이야. 하나님의 계획은 참으로 묘하다. 생각할수록 놀라운 일이다. 작은 정성을 뿌려 놓은 이 길을 남편이 당당한 모습으로 그 길을 걸어 부흥집회를 하러 다니시다니. 이것도 주님의 깊고 오묘하신 계획이 아니겠는가? 선하시고 온전하신 하나님의 놀라우신 뜻 인 것 같다.

홀로 선 지팡이

어느 한 재소자는 나에게 지팡이라 호칭을 붙여 주었다. 지팡이 삼아 추우나 더우나 방문해 주심이 너무 고맙다는 서신 속에 들어 있던 참 아름다운 글귀다.

그렇다 지팡이가 받쳐주기에 멀다 춥다 덥다 말없이 기쁨이 솟았나보다. 기뻐 맞아 줄 그들을 생각하면 뛰어서라도 달려가고 싶은 심정, 때로는 목사님이 심장이 나빠서 차를 세우고 내가 운전을 할 때도 혹시 목사님이 불편하다 하시면 저들의 실망이 클까봐 오로지 목사님만 믿고 기대를 걸고 있는 저들이 소망을 잃을까 의식 없이 병원에 계실 때에도 수없이 문의한 편지가 가득했다.

대답해 줄 글이 없었다. 이제 홀로 남은 지팡이가 무어라 대답 하리. 하여도 10년 동안의 수고로 일을 완수했으니 홀로 굴러도 슬프지 않으리, 홀로 굴러도 외롭지 않으리.

그대 어디 있기에 지팡이 홀로 남았는가? 지팡이가 받쳐줄 웅장함이요. 논가에 모진 비바람에 벗겨간 거칠 것 없는 앙상한 허수아

비, 두 볼에 빗방울이 내리네.

 분신이 떨어져 나가던 날. 마냥 고통은 멈추지 않으리. 받침 없는 지팡이 홀로 뛰라. 울지 않으리. 울지 않으리. 넘어지지 않으리. 부러지지 않으리.

 저 높은 곳에서 오라 손짓하네. 단장 준비하리. 고웁게, 고웁게. 마냥 기다리지 않으리. 받쳐줄 힘이 있기에. 눈가에 물방울이 생기지 않으리.

설 날

　설날하면 까치저고리 바지 치마 입는 날 인 것 같다. 한 해를 마음껏 활개를 펴 보겠다고 다짐하는 날이다. 먹기 싫어도 억지로 먹어야 하는 나이의 날 이기도 하다. 어린 동심들은 빨리 나이를 먹고 큰 사람이 되어 보겠다는 높은 포부의 날. 중년의 사람들은 자식들을 하늘 높이 키워보겠다는 소망의 날. 석양이 가까운 노인들은 나이를 먹지 않겠다고 버티는 날. 이것들이 모아져 즐거운 하루의 설날이 아닌가 싶다.
　이 하루를 위해 열심히 땀 흘려 번 대가로 예쁘게 단장을 해 보려고 제일 예쁜 옷들을 장만 한다. 이렇게 저렇게 엮어진 하루를 위해서 말이다. 사진을 뒤적이다 보니 목사님이 학생들에게 세뱃돈 주는 모습이 보였다.
　어느 설날의 이야기다. 교회에서 어린 학생들이 목사님에게 세배드리려고 몰려왔다. 세배는 그냥 받는 것이 아니다. 세뱃돈을 줘야 맛이 난다. 재미있고 우스운 모습들이다. 이것을 바라보던 큰 놈들

도 재미있다는 듯, 세뱃돈을 받겠다고 쭉 세배를 한다.

　세뱃돈이 부족하지 않나 조마조마 하던 일이 생각난다. 즐거웠던 설날, 목회자들이 이렇게 기쁨을 가져보는 하루의 날이 종종 있었으면 좋겠다. 설날은 기쁘고도 슬픈 날이 아닌가 싶다.

더불어 사는 사람

　어느 모임에 한복을 입었다. 한복이 예쁘다고 야단들이다. 더불어 사는 인생도 이렇게 기쁠 때가 있다. 아마도 주인을 잘 만난 덕인가보다. 열심히 일을 하는 주인 밑에 살다보니 같이 덕을 보는 것 같다.

　그러고 보니 한복도 몇 벌 얻어 입었다. 목사님이 한국에 집회 나갔을 때 교회에서 해 준 옷들이다. 먼저 그의 나라와 그의 의를 구하여 이 모든 것이 더하여 진 것 같다.

　목사님이나 사모들이 때를 따라 옷을 해 입기는 힘이 드는 것이다. 집회에서 은혜를 받았다고 성도님들이 목사님에게 맞춰준 양복과 넥타이가 수두룩하다.

　자유롭게 하는 진리의 말씀 안에 온 몸을 투자 함 이러라. 가물어 메마른 땅에 단비가 내리듯, 고달프고 외로운 사역자들에게도 때를 따라 기쁨을 주시는 주님의 은혜를 감사함 이러라.

더불어 사는 인생 나도 때를 따라 기쁨을 봄이라.

여보

　세상에 사람들은 짝이 지어지면 흔히들 쓰는 말. 여보, 당신 육법전서에 제 1조 항에라도 있는 양, 시냇물이 졸졸 흐르 듯 여보 당신이 매끄럽게도 잘들 흐르는데 우리부부는 "자기야, 이거 봐, 저거 봐"로 시작부터 끝을 맺었으니 늦었지만 이제라도 한번 불러보고 싶네요.
　여보 내가 지금 얼마나 바쁜지 당신도 알지요. 손주들 학교 픽업 해주랴, 여기저기 치다꺼리 하랴, 하루 종일 서성거리다 저녁에 피곤을 풀기 위해 소파에 누워 드라마를 보다가 문득 생각이 나면 붓을 들곤 하지요.
　당신과 나의 생일 달을 넘기지 않으려고 말입니다. 생일 기념으로 글을 써보려고 말입니다. 당신은 6월 28일 나는 6월 29일 하루차이라 나는 항상 생일을 얻어먹지 못하고 남은 찌꺼기만 먹었지요. 여보, 당신이 없으면 새것으로 먹을까 했는데 그것도 아니네요.
　당신이 없으니 차려먹을 생각이 없네요. 이렇게 바쁜 시각에 당신이 있었으면 여기 다 저기 다 훈수라도 둘 텐데요. 짧은 시간에 글을 쓰다보니 훈수도 두어주는 사람이 없어 너무도 볼품이 없는 글이 되었네요.

여보, 당신이 있었으면 얼마나 힘이 되었을까요. 여보, 당신이 너무 원망스럽구려.

여보, 당신이 새삼 그리운 것 같구려. 여보, 당신을 부르다보니 정말 마음이 동요되는구려.

두 다리를 쭉 펴고 엉엉 울어라도 보고 싶구려. 이러다 정말 너무 너무 보고 싶어지면 여보, 꿈에라도 웃는 모습을 한번 보여주시구려. 여보, 당신 너무하는 거 아니에요.

제4부
사람들 기억 속에 머물고 있는

개척당시 신문기사 한 토막
중앙일보 일간지 기사
한국일보 일간지 기사
힘이 되고 있음을 기억해 주십시오 / 김석가
남을 보살피며 사랑을 나누었던 사람 / 문상익
내가 기억하는 이수민 목사님 / 이정근
세상 최고의 할아버지 / 손자, 존(John)
나의 할아버지 / 손녀, 사라(Sarah)
나의 할아버지는 비범한 사람이었다 / 손자, 데이빗(David)

개척당시 신문기사 한 토막
(개척교회 탐방 : 영광교회를 찾아서)

한인 타운에 등불이 되고자 노력. 나성 땅 한인 타운에 수많은 크고 작은 교회가 있다. 그중에서도 요즈음 많은 성도들의 입에 오르내리며 크게 발전하고 있는 한 개척교회를 찾아 교회속의 신앙생활을 엿보게 되었다.

주일 아침 교회 문을 들어서는 순간 찬송이 열기를 띠고 기쁨이 충만한 가운데 열심히 찬송하는 모습들은 보는 사람으로 말미암아 은혜를 저절로 받게 한다. 또한 기도의 열기와 강단에서 외치는 목사님의 설교는 듣는 이로 말미암아 큰 감동을 느끼게 한다.

이러한 것이 개척교회가 부흥되는 힘이구나 하는 것을 느끼며, 예배를 마친 후 담임 이수민 목사를 만나 대화시간을 가졌다. 과거 화려했던 세상 경력을 마다하고 사업적 재능도 투철하여 경제적으로도 부유했던 이 목사가 주님 사업을 위해 주 위해 모든 것을 버리고 성경 찬송과 전도지를 들고 한인 타운을 누비는 것을 보면 믿어지지가 않는다.

아파트 상가 마켓 심지어는 길 한 복판에 서서도 전도지를 돌리며 전도 사업에 열중하는 걸 본 교포들은 노상 전도의 주인공이 바로 이수민 목사라는 걸 쉽게 기억 해 낼 수 있다.

이제 불과 설립 1년 밖에 되지 않은 영광교회가 이수민목사를 중심으로 10명의 재직과 125 가정이 오순절 적인 성령 충만한 가운데 설수 있었던 것을 주님의 사랑이 있었기 때문에 이루어졌던 일이라고 이 목사는 얘기한다.

4식구의 가정으로 출발한 영광교회는 그때부터 이 목사의 노상 전도의 불을 붙였다고. 허리띠를 졸라매며 길거리로 아파트로 상가에서 "예수를 믿으세요. 예수를 믿으세요. 예수 믿고 가정에 평강을 누리며 영혼구원을 받으세요"라고 외치면서 옛 사도 바울을 생각한다고 이 목사는 얘기한다.

이 목사는 10년 전에 소명을 받고 WestCoast Bible College를 졸업하고 선교사로 젊은 청년들을 인솔 미국대륙을 다니며 전도여행을 다니기 시작했다. 일차 선교여행 아리조나 피닉스, 엘파소, 달라스, 휴스톤, 이차 워싱톤 DC, 뉴욕, 시카고, 덴버였다. 이때부터 이미 전도의 체험을 몸소 느끼며 이의 중요함을 깨닫고 지금껏 실천하며 전도 여행을 다녔고 세 번째도 단독으로 고달프고 외로운 전도여행을 다녀온 후에 한국으로 까지 전도 집회를 나갔다.

83, 84년 전국을 다니며 집회를 했는데 한얼산기도원에서 용문산기도원에서 오산리기도원에서 삼각산에서 감람산기도원, 현리기도원에서 또한 농촌도 대 중 소도시를 다니며 긴 전도 집회를 다녔다.

▲ 나성영광교회 창립 광경을내는 영광교회 이수민 목사   글·편집부

앞으로도 쉬지 않고 노상전도를 한인 타운의 등불이 되겠다고 다짐하는 이 목사로부터 모범적인 교회, 은혜로운 교회를 지향하는 영광교회의 참 빛을 보는 듯하다.

중앙일보 일간지 기사 중
(재소자 한국 송환 '10년 정성' 결실)

'이런 사람' 모국 이송 앞장 이수민 목사. 교도소 인종차별 언어 소외 문제점 파악.

자비로 한국 오간 끝에 인권법 제정 보람. 해외재소자들의 한국 송환 문제를 처음으로 거론해 지난 10년간 법제정을 위해 활발한 활동을 펼친 이수민 미주 자국민보호 위원회 회장이 본보를 방문 그간 힘겨웠던 일들과 앞으로의 행보에 대해 설명하고 있다.

"10년간 추진해온 끝에 드디어 결실을 맺었습니다. 그러나 끝이 아닌 시작이죠."

오는 2005년 11월부터 한국정부의 '해외 수형자 한국 송환제'가 실시되며 미국 등 해외 수감 한국 국적 자들이 모국에서 잔여형기를 채울 수 있는 길이 열렸다는 소식을 듣고 가장 보람을 느낀 이는 바로 이수민(영광교회 담임목사) 미주 자국민보호위원회 회장이다.

지난 96년부터 추진해온 재소자 한국 송환 문제 때문에 몸 마음

고생이 이만저만이 아니었지만 '해냈다'는 보람감에 누구하나 알아주는 이 없어도 얼굴에 미소가 절로난다. 이 회장은 수차례나 한국과 미국을 오가며 정부 관계자들에게 재소자 한국 송환제의 필요성을 강조하며 온갖 노력을 기울여왔다.

최근 법이 본격 시행될 때까지 한국에서도 법무부장관이 12명이 바뀌었지만 그럴 때 마다 이 회장은 처음부터 다시 시작하는 마음으로 마음을 졸인다. 국제 법을 통해 본국으로 송환되는 다른 나라 국적의 죄수들이 있는데 왜 우리나라는 소식이 없느냐고, 이 회장은 한국을 오가며 재소자 한국 이송법 제정을 위해 쉴 새 없이 달렸다.

현지에 약 200여명의 한인 재소자들과 면담서신 연락으로 희망을 심어 주곤 했다.이 같은 노력 탓인지 올해 그 결실은 이루어졌다. 그러나 전국적으로 한인 재소자들 약 600여명 정도로 파악하고 있는 이 회장은 이중 100여명이 미 시민권자로 이번 법의 혜택을 받지 못한다는 점을 우려하고 있다.

"앞으로도 할일은 많습니다."

"쉽지는 않겠지만 미 시민권자 재소자들의 한국이송을 추진하려 하고 또 한국으로 나가 형량을 마치고 출소하는 이들이 현지 생활에 적응할 수 있도록 재활도 개설을 해야 하죠."

재소자들의 '제2의 인생'을 위해 10년을 애써온 이 회장이 다음 10년은 어떻게 달려 나갈지 사뭇 궁금하다.

한국일보 일간지 기사 중

(하늘나라서도 기뻐하실 것. 재소자 이송 실현의 주역 고 이수민 목사. 한국 '이송 협약' 가입 10년 노력 올 첫 결실)

미국 내 한인 재소자 2명이 '수형자 이송 협약'에 따라 금년 내 한국 교정시설로 이송된다는 소식(본보 17일자 A면)에 가장 반가워했을 사람은 다름 아닌 '미주 자국민 보호위원회' 이수민 목사였을 것이다.

한인사회가 외면했던 이 문제에 누구보다 적극적으로 매달렸던 그는 평소 첫 이송자가 결정되면 등을 두드려 주며 "반드시 새로운 삶을 일궈라"는 "용기를 주고 싶다"는 말을 자주 했다.

하지만 이 목사는 안타깝게도 지금 이 세상 사람이 아니다. 4개월 간의 투병생활 끝에 지난 9월 22일 75세를 일기로 별세했다. 고인이 된 이 목사가 한인재소자, 특히 청소년 재소자들에게 관심을 갖기 시작한 것은 10여 년 전 교회협의회 회장을 지내면서부터, 우연히 교도소를 방문했다가 이들의 힘겨운 수감생활을 목격한 것이 계기가 됐다.

당시 고인은 "우리를 한국에 보내 달라"는 재소자들의 간절한 소망을 듣고는 곧바로 '수형자 이송법'을 공부하고, 한국 법무부를 찾아다니며 한국정부에 협약 가입을 촉구했다. 또 수시로 주변 교도소들을 찾아다니며 한인재소자들을 위로했다.

마침내 한국이 협약에 가입하자, 이번에는 이송자들이 형량 만기 후 사회에 적응할 수 있는 재활 프로그램 마련에도 깊은 관심을 기울였다. 그의 노력이 알려지면서 책상에는 미 전국의 교도소에서 보내온 한인 재소자들의 편지가 하나 둘씩 쌓이기 시작, 어느새 수백 통이 됐다. 또 자신이 파악한 재소자들의 현황과 기록을 빼곡히 적은 자료 철은 책 한권 분량을 넘어섰다.

하지만 고인의 기대와 희망은 세월의 무정함을 넘어서지 못했다. 70을 훌쩍 넘은 나이에도 불구하고 강행군을 거듭한 것이 무리였던지 4개월 전 심장이상으로 쓰러진 뒤 더 이상 말을 할 수도, 의식도 없이 병원에서 삶의 마지막을 보내야 했다.

이 목사의 부인 이승언 여사는 "고인이 평소에도 '아이들이 어두운 과거를 덮고 자유롭게 날개를 펼 수 있도록 도와주라'는 말을 자주 했다"며 "내가 움직일 수 있을 때까지 고인의 뜻을 이어갈 생각"이라고 말했다.

〈사진글〉

수형자 한국이송 사업에 앞장섰던 고 이수민 목사 영정 앞에서 부인 이승언씨가 눈시울을 적시고 있다. 영정 앞 편지들은 미 전국 교도소에서 한인 재소자들이 보내온 것이다.

힘이 되고 있음을 기억해 주십시오

김 석 기
(오네시모선교회 대표)

한 영혼을 향하신 주님의 무한하신 지혜를 찬양하며 또한 주님의 마음을 가진 사람들을 통하여 그 복음의 영광을 이루어 가시는 하나님 앞에 존귀와 영광을 돌립니다. 감옥사역을 한지 어언 14년이 되었습니다. 멋도 모르고 시작한 사역이 그것이 하나님의 부르심이라는 것을 깨닫고 이제는 백만 분지 일의 일도 못 되지만 하나님의 마음과 그분의 눈으로 영혼을 볼 수 있게 하셨습니다.

전에는 그냥 전하는 것 인줄만 알았던 것이 이제는 이 사역이 주님처럼 다 주는 것 이라는 것을 알게 되었습니다. 주님이 이 땅에 오셔서 하신 것처럼 오직 그 영혼만을 바라보면서 주님의 심장만을 품고 가는 사명, 주님이 위하여 죽으신 그들을 사랑하는 것, 그 부르심에 영광을 무한히 감사드립니다.

"내가 너의 영혼을 위하여 크게 기뻐하므로 제물을 허비하고

또 내 자신까지 허비하리니 너희를 더욱 사랑할수록 나는
덜 사랑을 받겠느냐?(고후 12장15절)."

이수민 목사님,
쓰러지셨다는 말을 듣고 병원을 찾았을 때, 말 한마디 못 하시고 눈으로만 그 마음을 전하셨던 모습을 기억합니다. 그리고 생전에 제 마음속에 박힌 말 한마디가 있었습니다.
10년 동안 자국민보호위를 이끌어 오시면서 갇힌 이들의 한국 이감을 위해 그렇게 애쓰시던 간증 속에서
"김목사, 나 심장이 가끔 멎어...."
얼마나 큰 충격 이었는지요.
그 몸으로 10년 버티시면서 수없이 바뀐 법무부장관과 직원들을 만나시면서 이루신 일들, 그 수고와 노고가 어찌 자신을 위한 일 이겠습니까. 10년의 마음이 주님의 마음이었기에 오늘 갇힌 형제, 자매들에게 그 노고가 영혼을 향한 열매로 그 사랑이 주님께로 갈 수 있는 통로가 되기 위해 안간힘을 쓰는 종들이 있지 않습니까?
오직 소망이 없는 갇힌 이들에게 새 삶을 열어주고픈 심정 말입니다.
사모님,
이 일을 위해 한국을 방문하여 까맣게 올려다 보이는 지하철 굴다리 계단을 오르면서
"지게꾼이라도 있으면 지어 갔으면 좋겠다."
몇 시간 거리의 재소자를 보러 갈 때면

"햄버거 하나만 먹고 갔으면 좋겠네."

그 간증이 이 부족한 종의 마음을 얼마나 흔들었는지요. 그리고 얼마나 자신을 돌아보는 큰 은혜였는지요. 목사님의 헌신이 그리고 10년 동안 갇힌 형제, 자매들을 위하여 애쓰신 자취가 오늘 사모님께서 그 모습들을 모아 책으로 엮으시는 것을 진심으로 감사합니다.

두 분의 헌신이 오늘 이글을 읽는 우리들에게 그리고 갇힌 이들에게 주님께로 향하는 메시지가 되기를… 그리고 경성함과 깨우침으로 참된 삶으로 돌이켜 영원한 교훈이 되기를 바랍니다.

10년의 이야기는 지금도 그 마음을 품고 그 영혼들을 사랑하고 소망을 주고픈 목사님과 사모님의 마음을 가진 이들을 통해 포기하지않는 힘이되고 있음을 기억해 주십시오.

남을 보살피며 사랑을 나누었던 사람

문상익 목사. Ph.D
(수석 부총장. 얼바인 콘코디아 대학 (Concordia University, Irvine)

    지난 45년 동안의 목회와 교육 사역 가운데 여러 귀한 목사님들을 만나며 함께 동역할 수 있었던 은혜를 경험했지만 제가 만난 분들 중에서 이수민 목사님이야말로 가장 기억에 남는 분이십니다. 이 목사님은 "예루살렘과, 유대와, 사마리아와, 땅 끝까지 이르러 내 증인이 되며 (행. 1:8절), 모든 민족으로 제자를 삼아 아버지와 아들과 성령의 이름으로 세례를 주고 내가 너희에게 분부한 모든 것을 가르쳐 지키게 하라" (마. 28:19절)로 하신 주님의 지상명령을 마지막까지 열정으로 순종하신 분이십니다.

    미국에 까지 이민을 와서 새로운 땅에서 자리를 잡고 정착하려는 한인 이민자들을 위한 이수민 목사님의 사역이야 말로 땅 끝까지

온 사람들을 위한 목회 사역이었습니다. 이는 우리 모두가 잘 알고 있듯이 희생과 헌신이 요구되는 힘든 사역입니다.

이 목사님은 감옥 선교를 시작하면서 개교회의 목회 사역에서 한 걸음 더 나아가는 복음을 위한 열정을 보여주셨습니다. 감옥 선교는 자신들의 모국으로부터 수 억 만리 떨어진 가장 어두운 모퉁이에 수감 되어 있는 사람들을 위한 또 다른 땅 끝 전도였습니다. 이 목사님의 헌신적 수고와 노력 끝에 한국과 미국 정부 사이에 서로 수감자 교환 프로그램이 성공적으로 합의를 이루게 된 것에 대하여 는 마음으로부터 진정한 찬사를 보내드리는 바입니다.

이 일의 성공을 위해 이 목사님은 마지막 순간까지 수고를 아끼지 않으셨습니다. 이와 같은 사역은 예수 그리스도는 사단의 어두운 죽음의 권세 아래 있는 죄인들까지도 구원하시기 위하여 땅 끝까지 찾아오셨다고 하는 사실을 나타내는 기독교 구원의 역사에 매우 중요한 상징적 의미를 담고 있습니다.

미국에서 목회 사역을 하면서도 이수민 목사님은 예수 그리스도의 구원의 복음이 필요한 한국에 있는 같은 민족을 잊지 않았습니다. 이 목사님은 예수 그리스도를 전하기 위하여 수도 셀 수 없을 정도로 한국을 방문하면서 복음을 전했습니다. 이 목사님은 한국에서도 많은 사람들에게 인정받는 부흥전도자였습니다. 더 나아가 이 목사님은 중국, 일본, 유럽, 그리고 남미 등에 있는 한국 혈통의 많은 사람들을 위해서도 복음 사역을 펼쳐나갔습니다.

이 모든 것 위에 제가 가장 소중하게 기억하는 것은 이수민 목사님의 성품입니다. 그는 참으로 나무랄 데 없는 신실하고 성실한 분이셨습니다. 강한 성격이면서도 부드럽고 섬세하며, 흔들림 없는 지도력의 소유자이면서도 남을 보살피는 사랑을 나누는 분이셨습니다. 이 목사님이 진정한 주님의 종의 모습의 본이 되셨던 것은 그를 알았던 많은 사람들이 존경하며 그리워 할 것입니다.

내가 기억하는 이수민 목사님

이정근 목사
(유니온교회 담임. 미주성결대명예총장)

영광교회와 유니온교회.

제가 목회하는 유니온교회는 1980년 9월 28일 로스앤젤레스 코리아타운에 있는 "우리구주 루터교회"(Our Savior's Lutheran Church)의 건물에서 시작되었습니다. 독일계 미국인들이 설립해서 세운 교회로서 시설이 매우 크고 좋았습니다. 그리고 아주 조용한 주택가에 있어 범죄에 피해당할 염려도 없고 무엇보다도 주차장이 넓었습니다.

그래서 처음에는 여러 한인 목회자들이 시설 일부를 대여하고자 접촉을 했으나 허사였습니다. 다른 인종교회에게는 시설을 대여하지 않기로 방침을 정하고 있기 때문이었습니다. 특히 교회가 정규 초등학교를 경영하고 있어서 시설대여의 여유가 없다는 것입니다.

그런데 한인교회를 설립하기 위하여 제가 그 교회를 접촉했을 때에는 다소 망설이기는 했으나 딱 잡아 안 된다고는 하지 않았습니다. 저는 루터교회 목사님을 남편으로 둔 석진영 선생과 친분이 있기에 추천서를 얻어 신청서류에 첨부했습니다. 석진영 선생은 찬송가 '눈을 들어 하늘보라'의 작사자이고 또 〈복음의 전령〉이라는 신앙잡지의 발행인이었습니다. 저도 그 신앙잡지에 여러 번 기고를 했었습니다.

그런 것들이 도움이 되었던지 그 교회의 작은 방 하나를 얻어 드디어 개척예배를 드렸습니다. 그런 뒤에 교회는 차근차근 성장해 갔습니다. 그런데 8개월쯤 지났을까, 갑자기 교회 앞에 '초대교회'라는 한글간판이 붙어 있었습니다. 우리 유니온교회 것보다 더 큰 글씨였습니다. 그 간판을 보는 순간 화가 치밀어 올랐습니다. 그때만 해도 삼 십대 목사였고, 신앙과 인격도 성숙하지 못 했던가 봅니다.

"아니, 이런 나쁜 사람들, 우리에게 양해도 구하지 않고 ....."

우리 유니온교회와 시간대는 달랐습니다. 우리는 주일 12시였고 그 교회는 오후 3시였습니다. 다행이기는 했으나 그래도 언제인가 그 목사가 찾아오기를 기다렸습니다. 그러나 끝내 얼굴을 못 본 채 그 교회는 3개월을 견디지 못하고 문을 닫았습니다.

얼마의 세월이 또 흘렀습니다. 어느 주일 아침에 교회에 가니 이제는 다른 간판이 또 하나 생겼습니다. 'ㅇㅇ 순복음교회'였습니다. 그런데 교회당을 소유한 그 교회에서는 여전히 저에게 일체 사전연락도 없었습니다. 셋방살이의 설움이 갑자기 북받쳐 올랐습니다.

"아니, 이럴 수가 있습니까? 사전 양해도 없이 ...."

"이 목사님, 계약서를 잘 읽어보세요. 기득권자에게 사전양해를 구해야 한다는 조항이 없지요?"

"아무리 그렇더라도 교회인데 ...."

그러나 서양 사람들은 행정을 합리적으로 하기 때문에 우리와는 사고방식이 달랐습니다. 게다가 그 교회에서는 우리교회와 합의했다면서 우리 교회가 다른 곳으로 이사 가는 때에 이사비용도 보조하기로 했다는 것입니다. 그런 사실이 전혀 없었지만 외국인 앞에서 한국인들끼리 헐뜯기가 싫어서 그랬느냐며 입을 다물었습니다.

그 순복음교회는 옆에 있는 교회에서 싸우다가 갈려져 나온 그룹이었습니다. 한 동안 북적거렸습니다. 우리 교회 신자 두 가정이 바로 옆방교회로 옮겨갔고 두 가정이 우리 교회로 옮겨온 일도 있었습니다. 그러나 목사가 두 번이나 금방금방 바뀌었고 자중지란이 일어 문을 닫게 되었습니다.

우리 교회는 그런 일들을 겪으면서 빨리 교회당을 마련해 보자며 건축헌금을 모았습니다. 그리고 두 번이나 이미 겪은 터라 한인교회가 그 건물을 함께 쓰는 일에 대하여도 면역이 생겼나봅니다.

"교회당 빌려 쓰기가 오죽 어려우면 그러겠나?"

우리 교회가 제법 자라면서 그렇게 생각할 여유도 생겼습니다.

그러던 어느 날 이수민 목사님을 만났습니다. 같은 시설을 세내어 개척교회를 할 수 있도록 양해해 주면 좋겠다는 말씀이었습니다. 교회당 시설 얻기가 어렵고 또 이 목사님은 루터파에 속한 교회를 개척할 계획이라는 것입니다.

"그렇다면 우리가 어서 나가고 이 목사님께서 이곳을 쓰셔야 맞는 일이지요."

"아닙니다, 먼저 오신 유니온교회가 기득권이 있는 거지요."

"유니온교회는 이름 그대로 하나 되기를 힘쓰겠다는 결심이 있습니다. 우리 모두가 한 하나님, 한 주님, 한 성령님, 한 성경을 믿는 것이니까 서로 하나가 되도록 노력하겠습니다."

"아, 제가 개척할 교회 이름도 영광교회입니다. 결코 하나님의 영광 가리는 일 하지 않고 오히려 그 분을 영광스럽게 하는 일에 힘쓰겠습니다."

그 날 이수민 목사님과 만나 나눈 대화였습니다. 그렇게 시작된 이수민 목사님과의 만남은 첫 시작이 은혜로운 만큼 그 분이 하나님의 부르심을 받을 때까지 형제의 우의를 가지고 서로 협력했습니다. 함께 기도하는 시간도 가졌고, 강단도 교환했습니다. 특히 그 분이 〈남가주 기독교교회협의회〉 회장으로 사역하실 때 저도 협력자가 되었고 또 후일 제가 같은 사역을 할 때 자주 격려해 주셨습니다.

그 분이 교회사역과 함께 미주에서 교도소사역에 헌신하신 것은 많은 분들이 기억하고 있습니다. 특히 한인 수감자를 한국에 이송하는 일을 제안하신 분이었고 이일을 여러 해 적극 추진하여 마침내 좋은 열매를 거두게 되었습니다.

한국의 법무부 관계자가 이 곳 로스앤젤레스를 방문했을 때 한인 수형자들의 한국이송에 관한 세미나가 있었을 때 저를 초청하여 그 일에 다소나마 협력하기도 했습니다. 다만 이수민목사님을 충분히 돕지 못한 채 돌아가시게 되어 송구스러운 마음입니다.

"이 사역을 하는 간증이 있지요. '내가 갇혔을 때 돌아보았느니라' 는 말씀을 조금이라도 지켜야 하겠다는 결심입니다(마 25:36)."

그 음성이 제 귀에 지금도 생생하게 들려옵니다. 지병에도 불구하고 휴식과 요양을 외면한 채 죽도록 충성하신 선한 목자의 따뜻한 음성입니다.

세상 최고의 할아버지

손자, 존(John)

나에겐 할아버지에 대한 기억이 많다. 할아버지는 자상하고도 현명한 사람이었다. 어릴 적부터 보아온 할아버지의 모습에서 나는 많은 것들을 배웠다. 할아버지가 힘들 때에도 할아버지는 나와 누나 그리고 사촌형을 데리고 이곳저곳 다녀줬다. 그 인생은 짧았지만 확실한 것은 할아버지는 내가 평생 간직할 많은 것들을 남겨줬다.

할아버지는 자상할 뿐 아니라 아주 똑똑하고 지혜로운 사람이었다. 오랜 세월동안 나와 누나에게 많은 것들로 공급해주었다. 우리를 보살펴주고 할아버지가 할 수 있는 최선을 다해 최고의 것들로 우리를 채워줬다. 지혜로운 할아버지가 하는 말들이나 의견들은 언제나 옳은 것들이었고 바른길로 인도해 주었다. 나의 장래에 대한 성공을 위한 것들 뿐 아니라 현실에서도 환경을 이겨나가는 삶을 위해 차근차근 설명해주곤 했다.

어릴 적부터 떠올려지는 가장 많은 기억 중 하나는 할아버지는 항상 성경말씀을 읽고 있었던 것이다. 나는 너무 어렸고 관심이 없어 그저 아무 생각 없이 지나치곤 했지만, 지금 조금 더 성장하고 또 크리스천으로 돌아보면 할아버지는 나에게 너무나 훌륭한 모델이 되어줬던 것이다. 할아버지가 단순히 하나님과의 관계를 말씀 읽는 것에서 그치지 않고 사역의 목표를 위해 노력을 아끼지 않았다는 것이다. 그저 공부만 하면 되는 것이 아닌 성공을 위한 노력이 필요하다는 것을 할아버지는 말없이 행함으로 나에게 몸소 가르쳐주었다.

나의 기억 속에 가장 강하게 추억되는 것들을 할아버지와의 여행이었다. 손꼽을 수 없이 많은 길고 짧은 여행들, 수족관, 빅베어, 퀸메리호, 산타모니카 해변, 등등 헤아릴 수 없을 만큼 많은 기억들이 있다. 그 여행들은 언제나 즐거움이 가득했다. 한번은 무서운 구경을 위해 할아버지와 함께 손잡고 줄을 서고 있는데, 내가 너무 무섭다고 했더니 할아버지는 내게 여자 아이처럼 무서워하냐고 하면서도 강제로 구경을 시키지 않고 그냥 나왔다. 할아버지는 그랬다. 뭐든지 강제로 우리를 훈육하지 않았던 것이다. 빅베어 마운틴의 맑은 공기를 좋아하던 할아버지, 나는 바다를 좋아해서 할아버지한테 "할아버지 피곤해?" 하고 물어보면 할아버지는 나의 의중을 미리 알고 자신이 피곤하더라도 '왜?' 하고 다시 물어본다. 그럼 나는 바다가 가고 싶다고 대답을 한다. 그럴 때면 할아버지가 아무리 피곤하고 힘들어도 거의 언제든 우리를 데리고 바다로 갔다. 할아버지는 맑고 탁 트인 곳들을 좋아했다. 산과 바다 그리고 눈. 내가 동부에

살적엔 할머니와 할아버지가 함께 와서 함께 눈을 보면서 너무 즐거워했다. 할아버지가 많이 아프기 시작했다. 그 후론 할아버지와 많이 포옹을 못했다. 좀 더 할아버지를 많이 안아줄 걸 하는 후회가 생긴다. 하지만 나는 내가 할아버지를 꽉 안으면 할아버지 심장에 닿아 더 아프지 않을까, 하는 걱정을 했기 때문이다. 내가 숙제를 하지 않고 밍기적 거리고 있으면 숙제를 빨리 끝내고 실컷 노는 것이 더 신나는 일이라고 빨리 끝내고 놀자고 하며, 숙제를 마치고 나면 할아버지 자신은 건강 때문에 맘대로 음식을 먹을 수 없으면서도 우리들을 데리고 나가 맛있는 음식도 먹여주곤 했다. 그 당시 할아버지는 오직 야채로 갈아 만든 주스만을 마시고 있을 때였다. 할아버지는 힘겹게 투병생활을 하면서도 우리와 충분하게 사랑을 나누며 자신을 할애해줬다.

가끔 돌아보면, 할아버지에게 나의 사랑을 충분하게 표현하지 못한 것이 마음이 아프다. 할아버지가 돌아가셨을 때, 나는 정말 어째해야 할 지 몰랐다. 할아버지 인생이 너무 짧았다는 생각이 든다. 할아버지가 병원에 입원한 후로부터 쭉 병원에서 할아버지와 거의 24시간 함께 지내는 할머니가 전화로 할아버지의 죽음을 알려줬을 때, 나는 할 말을 잃고 침대에 누워있었을 뿐 이었다.

집안 어른들이 강제로 시켜서 나는 할아버지 영정 사진을 들어야 했다, 하지만 지금 생각해보면 아무도 누리지 못하는 장손의 특권이라고 생각한다. 장례를 마친 후 영정사진을 집에 가져와 내 방에 한쪽에 걸고 늘 할아버지를 바라본다. 사진 속 할아버지 눈 속을 깊이 들여다보고 있노라면 할아버지가 슬퍼 보여 한참을 생각해 보면 할아버지가 병원에 몇 달간 누워있으면서 집에 오지 못했기 때문에 슬퍼하는 것 같다고 할머니한테 할아버지가 생전에 살던 집으로 사진을 가져가라고 해서 할머니가 집으로 사진을 가져갔다. 고모는 내가 무서워서 그런다고 해서 슬펐지만 절대 무서웠던 것이 아니었다(고모가 지금 이글을 번역하고 있다. 오케이 알았어. 죤~ 고모가 잘못 알았다 쏘오리 !!‥ – 고모). 나는 다시 할아버지를 볼 수 있게 해달라고 기도를 했다. 나는 꿈에서 깨면 항상 꿈을 종이에 적어두곤 한다. 한번은 꿈에 내가 컴퓨터 게임을 하고 있는데 할아버지가 계속 호칭을 바꾼다. 한번은 '방패' 라고도 했다. 할아버지는 너무 빨리 움직였고 나는 서버를 찾을 수가 없어서 할아버지를 놓치고 말았다.

그 꿈을 꾸고 난 후 '방패' 라는 호칭을 생각해보면서 나는 할아버지가 죽어서도 나의 방패가 되어준다는 뜻으로 마음에 새겼다. 할아버지는 언제나 나와 함께 있고 천국에서 나를 지켜보고 있다는 것이다. 또 다른 꿈에 할아버지가 사역하던 교회에 갔는데 나와 누나 그리고 사촌형 우린 모두 하얀 옷을 입고 있었고 교회는 꽉 차있었다.

할아버지는 내가 알지 못하는 어느 나이가 많은 노할머니와 함께 들어오는데 모든 사람들이 환호하면서 박수를 쳤다. 후에 나의 할머니에게 설명했더니 그 노할머니의 모습은 천국에 있는 나의 외증조할머니와 흡사하다고 한다. 할머니 말에 의하면, 할아버지와 외증조할머니가 천국에서 만나 행복해 하는 거라고 한다.

나의 할아버지는 우리 인생에 있어 아주 중요하고 소중한 사람이었다. 할아버지가 돌아가셨을 때 우리가족 모두 침통했다. 많은 일들이 생겼고 아주 힘든 과정들과 부딪히게 되었다. 집례를 해주신 목사님 말씀에 "할아버지의 죽음을 슬퍼하지 마라. 그가 지금은 더 좋은 곳에 계시는데 왜 슬퍼하는가?" 하는 말씀이 내게 커다란 위로가 되었다.

할아버지에 대한 기억은 지금 한번에 다 언급할 수가 없고 셀 수 없을 만큼 많다. 나의 할아버지는 우리에겐 이 세상 최고의 할아버지였다. '세상 최고의 할아버지' 라는 표창을 받기에 조금도 부족함 없는 할아버지, 그 할아버지가 더 좋은 곳에서 우리를 위해 간구하며 항상 돌보아 주고 있으며 언제가 다 함께 천국에서 만나질 그 날을 기다리고 있을 것을 알고 있다. 그 날이 오면 나는 할아버지한테 아주 깊은 포옹을 하며 "할아버지 피곤해?"라고 물어볼 것이다. 이미 준비된 대답을 듣기위해 우리 모두 그 길로 가고 있는 중이다.

John

나의 할아버지

손녀, 사라(Sarah)

    내 할아버지는 강한사람 이었다. 강한 것 뿐 아니라 매우 성실한 사람이기도 했다. 내 기억 속에 할아버지는 친절한 '나의 할아버지' 였다. 내가 태어나기 전 부터 할아버지는 목사님이었고 할아버지는 자신의 사역에 아주 충성스러웠다.

    내가 아주 어릴 적 할아버지 교회 사무실에 가면 할아버지 책상에 앉아 놀았는데 내 동생과 사촌 오빠와 나는 늘 그 자리에 서로 앉겠다고 자리다툼을 하곤 했다. 물론 오빠는 우리보다 나이가 많았고 그래서 그 자리를 차지하는 특혜가 더 있었던 것 같다. 나는 주말마다 할아버지를 보러 가는 일이 너무 즐거웠다. 어린 시절 나는 할아버지가 어디서 왔는지 이해 할 수 없었지만, 나는 할아버지가 항상 모험심이 강하고 매우 행동적 이었다고 기억한다. 할아버지는 많은 곳에 우리를 데리고 다녔다. 할아버지는 어찌 보면 우리보다 더 열정적으로 돌아다니고 싶어 했던 것 같다. 우리는 할아버지와 함께 산타모니카 바다에 자주 갔다. 지금 돌아보면 마음이 아픈 건, 할아버지는 자신이 병으로 아프면서도 우리를 데리고 놀아줬다. 할아버지는 우리들과 참 많은 것들을 함께 해줬다. 내게는 절대로 잊지 못할 소중하고도 많은 추억이 있다.

할아버지는 나중에 건강이 더 나빠졌다. 하지만 할아버지는 주님을 섬기는 일을 그만두지 않았다. 내 생각으론 할아버지와 주님은 아주 가까운 관계를 가지고 있던 것 같다. 내가 더 어릴 적 부터 할아버지 건강이 나빠지기 시작했지만, 나는 너무 어려서 잘 모르고 있었다. 나이가 든 노인들은 당연히 아픈 거라고 생각했다. 그러나 할아버지의 건강이 계속 더 나빠질 거라는 생각을 하지 못했다.

내가 동부에 살고 있을 때는 할아버지와 자주 만나지 못했고 전화로만 가끔 통화했을 뿐 이다. 여름방학이 되면 할아버지와 할머니를 만나서 즐거운 시간들을 보냈지만 곧 내가 사는 곳의 친구들과 놀고 싶어서 오랫동안 함께 있지 못한 것이 지금은 후회가 된다. 더 많은 시간을 할아버지와 보냈었더라면 좋았을 텐데 하는 생각이다.

2006년 어느 날, 한 서점에서 책을 보고 있는데 사촌 오빠가 아주 슬픈 얼굴로 들어왔다. 나를 한쪽으로 부르더니, 할아버지가 병원에 입원했다면서 희망이 없을지도 모른다는 말을 해줬다. 그 순간 나는 어떻게 해야 할지 몰랐다. 내 머릿속에 많은 것들이 스쳐갔고 아주, 아주 슬펐다.

몇 달이 지나고도 할아버지는 여전히 병원에 입원해 있었다. 나는 할아버지의 상태를 정말 알수가 없었다. 8월이 되면서 나의 가족은 엘에이로 이사를 하기로 했다. 나는 가기 싫었지만 내겐 선택의 여지가 없었다. 사촌오빠와 우리는 함께 할아버지를 방문하러갔다. 할머니가 우리를 태우고 할아버지가 있는 병원으로 갔다.

나는 할아버지의 병이 조금 차도가 있기를 바라고 있었지만, 나의 기대는 어긋나고 할아버지가 누워있는 병실로 들어가자 슬픔이 가득 밀려왔다. 사촌 오빠는 문밖으로 나가 울기 시작했고 나는 오빠를 따라 나가 함께 울었다. 나는 할아버지의 상태가 그렇게 안 좋은지 몰랐다. 할아버지는 말도 하지 못하고 움직이지도 못했다. 우리 모두에게 너무 슬픈 날들이었다.

시간이 지나면서 친지들이 다녀갔다. 고모와 고모부도 동부에서 왔다. 고모가 할아버지를 보고 돌아간 날 새벽 2시에 전화를 받았다. 할머니 전화였다. 나는 할머니에게 새벽 일찍 전화했다고 조금 짜증을 냈다. 그러자 할머니 입에서 절대 듣고 싶지 않던 말이 나왔다. "할아버지 돌아가셨다." 나는 뭐라고 할 말을 잊었고 오직 "왜?"라고 만 했다. 지금 생각하니 정말 바보 같았다.

새벽 두시에 우린 병원으로 갔다. 이모 할머니들은 벌써 와 있었다. 처음 보는 시신은 내겐 아주 생소했다. 다음날 할머니는 장례를 치루기 위해 여기저기 분주하게 다녔다. 사촌 오빠와 고모 부부가 장례를 위해 다시 엘에이로 오고 장례를 치르며 나는 너무 슬퍼서 너무 많이 울었다. 나는 할아버지가 그렇게 빨리 죽지 않기를 바랬다. 우리는 할아버지와 함께 할 여러 가지 계획들이 있었고 할아버지는 내가 성장하는 걸 지켜봤어야 했는데 나는 미처 다 성장하지도 않았고 아직 할아버지한테 하고 싶은 말들도 많다.

지금은 2008년, 벌써 2년이 지났다. 나는 정말로 할아버지한테 하고싶은 많은 말들을 하지 못했다. 때때로, 잠들기 전 기도 할 때 할아버지도 내 기도를 들을 수 있기를 바라며 가끔 하나님께 묻는다. 왜 내 할아버지를 그렇게 일찍 데려갔는가 하고 하지만 괜찮다. 나는 주님이 천국에서 할아버지를 위한 더 위대한 목적이 있다는 걸 안다.

지난날로 돌아갈 수 있다면, 이기적이고 못되게 굴지 않고 할아버지한테 더 잘 해줄 수 있을 텐데, 그리고 할아버지를 얼마나 존경하는지 얼마나 사랑하는지 말 하고 싶다. 할아버지가 지금 나를 보면 얼마나 더 컸는지 볼 수 있을 텐데.... 아직도 할아버지가 있으면 좋겠다.

Sarah

나의 할아버지는 비범한 사람이었다

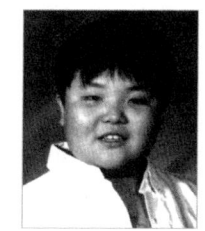

손자, 데이빗(David)

나는 할아버지를 사랑했다. 나의 모든 땡깡을 받아주고 아주 작은 내 사랑의 표현에도 할아버지는 나를 행복하게 해주기 위해 자신이 할 수 있는 모든 일을 마다하지 않으셨다. 맛있는 음식을 만들어 주시는 일 부터 시작해서 주말엔 나와 사촌동생들을 데리고 바다에 가 주셨다. 할아버지와 함께 하는 시간들은 마치 끊이지 않는 지속적인 휴가와도 같았다.

어느 날 하루는 할머니가 신문을 가지고 와서 내게 무엇을 보여주려고 신문을 펼쳤다. 거기엔, 내 할아버지가 강한 눈빛으로 나를 바라보고 있었다. 사진 속 할아버지 곁에는 머리가 벗겨지고 주름이 많은 동료 몇 분이 함께 계셨지만 그 중에 나의 할아버지는 내가 유전으로 받고 싶어 하는 머리가 하나도 벗겨지지도 않은 자연적인 모습 그대로 제일 잘 생긴 모습이었다. 그때 난 6살이었고, 내게는 가장 멋진 강한 인상으로 남겨졌다. 그 당시 나는 그런 할아버지의 손자인 것이 너무 자랑스러웠다.

나는 성장하면서 할아버지가 얼마나 훌륭한 사람인지 채 인식하지도 못한 채 할아버지를 우러러봤다. 그 신문을 보고난 얼마 후에 나는 할아버지가 주님의 선택된 일꾼으로서 하시는 수많은 일들 이외에도 재소자들에게 복음을 전하시는 걸 알게 되었다. 어린 그 당시에는 이해할 수 없었지만, 주님께서 할아버지를 통해 얼마나 많은 사역을 감당하게 하시는 주님이 기뻐하시는 종 이었는지 이제 알게 되었다.

할아버지가 살아계셨을 동안 내가 하고 싶던 말들 또 해주고 싶은 것들 많지만 주님 안에서 후회는 없다. 오직 주권자의 계획된 일이기 때문이다. 한 가지 내가 할아버지로 부터 배운 것이 있다면, 할아버지 자신이 그랬던 것처럼, 오직 믿음으로 사는 것이다. 할아버지는 인생을 내어주고 봉사하며 자신이 받은 부르심에 합당한 삶을 살았다.

내게는 첫 경험인 할아버지의 죽음은 힘든 과정이었지만 그 죽음을 통해서 애통해 하지 않고 또 그의 업적을 치하 하지도 않으며 오직 할아버지는 우리 주님만을 충실하게 섬기다 돌아가신 일에 기뻐해야 한다는 것을 배웠다.

"I tell you the truth, anyone who has faith in me will do what I have been doing. He will do even greater things than these, because I am going to the father (John 14:12)."

"내가 진실로 진실로 너희에게 이르노니 나를 믿는 자는 나의 하는 일을 저도 할 것이요 또한 이보다 큰것도 하리니 이는 내가 아버지께로 감이니라(요한복음 14장12절)."

David

부록
남기고 간 흔적을 더듬으며

회상
사역을 위해 만난 사람들
흔적에 대한 감사

회상

명동

73년 미국이민 올 때

이수민 졸업

이승언 졸업

모윤숙 시인과 함께 동작동 국군묘지에서 나무를 심다

결혼식

전도여행

서울 각 대학 정치학과 여대생 좌담회

부흥집회

갈멜산 기도원 집회

성탄절

열심히 목회할 때

은총한민교회 집회

독일에서

국회의원 회의장에서

연합집회 마치고

부활절 새벽연합집회

부흥집회

성전에서 손주들이 할아버지 흉내

환갑

중국 백두산

성전에서 할아버지 기도하는 흉내

조국광복 51주년 기념식에서

자매결연

남가주기독교교회협의회 서울시 교시협의회 자매결연

평통위원회

하와이 부흥집회

일본집회 후

재미 KLO(8240) 유격대 전우회 총연합회

연합집회

아들 사위 목사 안수식

홈리스 합동결혼식 주례

할리우드집 손주들

교회마당 손주들

브라질 집회 마치고

교회협의회 회장 취임

일본에서

뉴저지에서 눈싸움하던 날

사역을 위해 만난 사람들

국회의원 회의장에서

주최: 국제ILE 장소: 신라호텔 PINE (1999. 8. 24)

LA에서 조찬 후 (1999. 2. 27)

강남 우래옥에서 장관들과 (1999. 5. 13)

당시 법무부 장관 박상천 장관 장관실에서 (1999. 5. 14)

이회장 총재와 (2001. 3. 13)

김정길 장관실에서 (2001. 3. 14)

재소자 관계로 장관들과 좌담회 후

김한수 검사 과장실에서 (2003. 3. 14)

흔적에 대한 감사

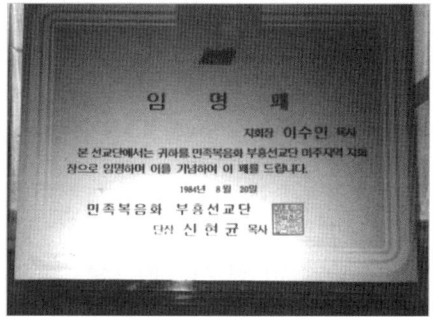

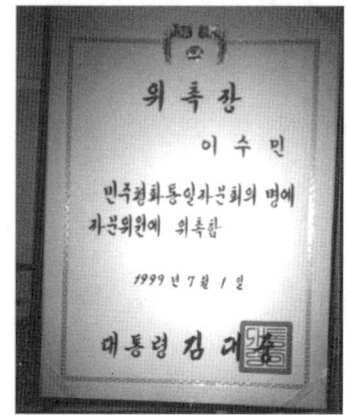

부록 남기고 간 흔적을 더듬으며 175

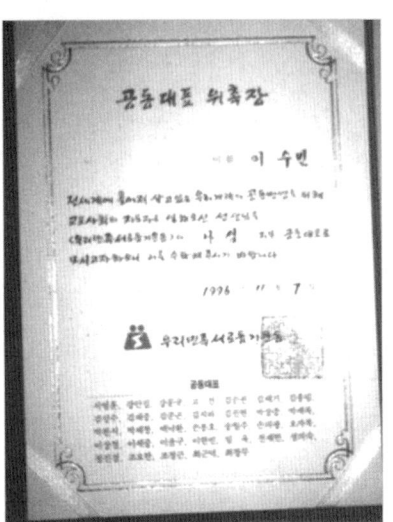

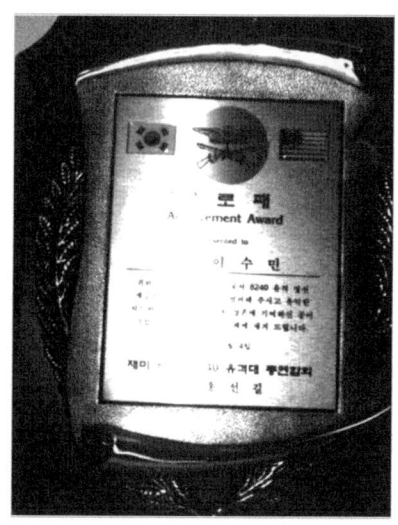

부록 남기고 간 흔적을 더듬으며

아내의 애가

■
초판 1쇄 인쇄 / 2008년 7월 15일
초판 1쇄 발행 / 2008년 7월 20일

■
지은이 / 이 승 언
펴낸이 / 김 수 관
펴낸곳 / 도서출판 영문
122-070 서울시 은평구 역촌동 10-82
☎ (02)357-8585
FAX • (02)382-4411
E-mail • kskym49@yahoo.co.kr

■
출판등록번호 / 제 03-01016호
출판등록일 / 1997. 7. 24

파본은 교환해 드립니다.
본 출판물은 저작권법으로 보호 받는
저작물이므로 출판사나 저자의 허락없이
무단 전재나 무단 복제를 할 수 없습니다.

정가 8,000원
ISBN 978-89-8487-243-1 03230
Printed in Korea